주짓수마스터 **박병연**의
스포츠지도사 2급 주짓수

생활스포츠지도사에서 전문스포츠지도사 2급까지 완벽대비

기본기술 및 구술시험 완전대비

주짓수마스터 **박병연**의

스포츠 지도사

2급 주짓수

실기 · 구술 합격공식

박병연 지음

좋은땅

머리말

주짓수가 한국에 들어온 지 벌써 20여 년이 지나 이제는 전국 어디에서도 체육관을 쉽게 찾아볼 수 있고 방송에서도 주짓수가 많이 나올 만큼 누구나 쉽게 접할 수 있는 스포츠가 되었습니다. 더욱이 팔렘방 아시안게임에서의 메달을 시작으로 중국 항저우 아시안게임에서도 금메달 포함 6개 메달을 획득하며 좋은 성적을 보이고 있습니다. 이제 주짓수는 종합격투기 선수나 일부 마니아 계층을 넘어선 생활 스포츠로 발돋움하게 되었습니다.

2022년 첫 스포츠지도사 시험을 시작으로 상당히 많은 인원들이 관심을 갖고 시험을 응시했고 첫 주짓수 종목으로 전문 스포츠지도사와 생활 스포츠지도사를 배출하였습니다. 하지만 이러한 관심과는 반대로 시험을 전문적으로 다루는 교재가 없어서 많은 어려움이 있었던 것이 사실입니다.

많은 고민을 하던 중 주짓수의 발전을 위해서 작지만 할 수 있는 일을 찾던 중 이렇게 스포츠지도사 2급 책을 집필하게 되었습니다. 일선 체육관에서 겪은 많은 시행착오와 자료들을 바탕으로 밤잠을 줄여가며 첫 결실을 맺게 되었습니다. 많은 훌륭한 지도자분들이 계시지만 제가 대표하여 이 책을 통하여 스포츠지도사를 준비하는 분들에게 도움이 되었으면 좋겠습니다.

책의 중심은 스포츠지도사에서 원하는 주짓수 기술의 전반적인 이해와 룰의 숙지도 그리고 심판으로서의 역할을 전반적으로 다루었습니다. 이외에도 응급처치와 스포츠 사회적 이슈들을 다룸으로써 현재 스포츠지도사에서 원하는 방향에 맞게 집필하도록 노력하였습니다.

이 책 한 권으로 전문 스포츠지도사와 생활 스포츠지도사를 한 번에 준비할 수 있고 부수적으로는 주짓수 입문자에게도 이정표가 될 수 있게 성의를 다했습니다.

마지막으로 항상 주변에서 도와주시는 동료분들과 가족들에게 감사의 말을 전하고 싶고 물심양면으로 도와준 스콜피온 도복의 구본기 대표에게 인사를 드립니다. 촬영에 협조한 주짓수 동반자인

이현민, 전형민 님에게 감사의 인사드리고 그 밖에 제자분들에게 감사에 인사를 드립니다. 마지막으로 이제는 주짓수 동반자가 된 딸 소윤과 아들 호윤 그리고 사랑하는 와이프 K.S에게 이 책을 남기고 싶습니다.

자주하는 질문

Q1. 체육관을 운영하는 관장이나 사범이 아닌데 주짓수 생활 스포츠지도사 2급의 취득이 가능한가요?

생활 스포츠지도사 2급은 자격제한이 없습니다. 만 18세 이상이면 누구나 지원할 수 있습니다. 체육관을 운영하는 관장이나 사범이 아니라도 상관없습니다.

Q2. 자격 취득 기간을 어느 정도 생각해야 할까요?

생활 스포츠지도사는 주짓수 관련 유일한 자격증입니다. 필기시험이 끝나면 부지런히 연습하셔야 하고 필기시험 전이라도 병행하여 공부하는 것을 추천드립니다.

Q3. 타 종목 생활 스포츠지도사 2급 자격증이 있는데 이점이 있나요?

같은 급수의 생활 스포츠지도사 혹은 전문 스포츠지도사는 필기시험이 면제되니 실기시험과 구술시험만 준비하시면 됩니다.

Q4. 시험장에 늦게 도착했을 경우 시험을 볼 수 있나요?

시험장에 지각하였을 경우 맨 뒤로 밀려서 시험을 볼 기회를 줍니다. 귀가하지 말고 시험장 주변에 감독관에게 말씀하시면 응시기회가 있습니다. 하지만 다른 날짜로 당일 이동은 불가능한 것을 기억하세요.

Q5. 도복은 꼭 준비해야 하나요?

무지 백색도복이 필요합니다. 당연히 깨끗이 세탁되어 있어야 합니다.

Q6. **시험공고에는 없는 기술도 출제되나요?**

실기와 구술모두 공고에 기본을 두고 있으나 상황설명에서 있어서 난이도가 높아질 수 있으므로 실제 상황을 상정한 연습이 필요합니다.

Q7. **시험 장소는 어디인가요?**

시험은 아직까지 한곳에서 이루어집니다. 보통 중부지방으로 정해지니 남쪽이나 서울에서 가는 수험생들 모두 시간적 여유 있게 도착하도록 해 주세요.

목차

II. 경기 및 심판규칙 - 2문제(40점)

III. 평가영역(지도방법) - 2문제(40점)

IV. 평가영역(지도자로서의 리더십/태도) - 1문제(20점)

I.

실기평가개요

실기 과목의 기술이 구술에서 설명을 요구할 수도 있으며 다음번 시험에서는 기술로 나올 확률도 있다. 즉 어떤 기술은 구술로 나오고 어떤 기술은 실기로 나온다는 보장은 없는 것이다. 그러므로 자신이 실제로 모든 기술들을 할 수 있어야 하며 짜임새 있는 설명도 할 수 있도록 하는 것이 중요하다.

여기에서는 스포츠지도사 시험에서 원하는 포인트로 특이한 기술이나 최신의 기술을 설명하는 것이 아니라 기본에 최대한 충실하도록 집필하였다. 당연히 구술로써도 설명이 가능하도록 포인트 위주로 단순화하였으니 이 점에 유념하기를 바란다.

가장 핵심적인 것은 몸으로 기술을 하는 것도 중요하지만 구술로도 설명하는 습관을 평소에 기르는 것이 중요하다 할 수 있다.

스탠딩 기술에서 유도 기술이 많지만 이는 도복을 하는 종목이기 때문에 어쩔 수 없는 면이 있다. 하지만 기술 시연이 유도적인 요소나 레슬링적인 요소를 채점하는 것이 아니기 때문에 막히지 않고 잘 시연한다면 큰 문제가 없을 것이다.

아래는 대한주짓수회에서 공고한 내용을 정리하여 첨부하였다. 매년 조금씩 변화가 있을 것이라 생각하지만 그 틀이 크게 바뀌지는 않을 것이며, 예상이라면 테이크다운 영역에서 변화가 있을 것이라 생각이 들어 기술 후반부로 목차를 변경하였다. 실제로는 테이크다운은 실기에서 처음 수행하도록 요구받는 영역이다.

1. 실기평가 영역

- 평가기준(정성평가)

　1) 기술의 적법성: 국제 주짓수연맹(JJIF) 룰상 적법한 기술인지 여부

　2) 기술의 효과성/현실성: 생체역학상 현실적이고 효과적인 기술인지 여부

　3) 동작의 숙련도: 기술을 시연함에 있어 동작이 충분히 숙련되었는지 여부

　4) 기술의 연계성: 각 기술 간의 연계가 적절한지 여부

　5) 태도: 주짓수인(무도인)으로서 적절한 예를 갖추어 시험에 임했는지 여부

- 합격기준: 기술 대분류 항목 당 무작위 추첨을 통해 총 3개의 기술 검정하여 70점 이상 합격(100점 만점)

- 실기 평가 영역 기술 대분류: 2급 전문 스포츠지도사, 1, 2급 생활 스포츠지도사

* 실기는 평가영역 1문항당 20점으로 실기 총점 100점 만점에 70점 이상 합격

* 실기는 심사위원의 판단 및 응시 시간에 따라 "응용동작(연계동작)"으로 평가할 수 있음

*다음 내용은 실기 검정 준비에 도움을 주기 위한 범위이며 내용 외에 더 추가로 범위를 선정하여 검정할 수 있음

2. 실기 검정 소요장비

- 지원자 준비사항: 도복(공인도복), 벨트, 손가락테이핑(필요시), 신분증

* 도복 및 벨트는 '대한주짓수회' '전문선수대회 도복규정'에 입각한 '백색도복' 허용, 벨트는 현재 본인의 수련 벨트를 착용(홈페이지 대회도복 규정 참조)

* 정성평가란 수치화되지 않은 정보까지 평가하는 방식

(출처: 대한주짓수회)

대분류	평가영역	평가항목		평가기준	세부기술	
공격	테이크다운 1문항 (20점)	태클 손기술 허리기술 다리기술 누우며 메치기기술		- 효과적으로 상대의 밸런스를 무너뜨리고, 정확히 손과 발이 위치하여 넘기는지	태클	더블 렉 테이크다운 싱글 렉 테이크다운
					손기술	양팔 업어치기 한 팔 업어치기 업어 떨어뜨리기 빗당겨치기 어깨로 메치기 발목 잡아메치기
					허리기술	허리 꺼치기 허리 후리기 허리 튀기
					다리기술	밭다리 안뒤축 안다리 발목 받히기 허벅다리
					누우며 메치기기술	배대 뒤치기 안오금 띄기 뒤집어 넘기기
	가드 패스 1문항 (20점) 스윕 1문항 (20점)	클로즈 가드 하프 가드 오픈 가드 버터플라이 가드 시팅 가드 데라히바 가드 스파이더 가드 라쏘 가드		- 상대의 방어를 효과적으로 차단하고 패스하는지 - 스윕 시도 시 상대의 밸런스를 무너뜨리고 정확한 그립으로 넘기는지	클로즈 가드 pass 하프 가드 pass 오픈 가드 pass 버터플라이 가드 pass 시팅 가드 pass 데라히바 가드 pass 스파이더 가드 pass 라쏘 가드 pass	
굳히기	굳히기, 포지셔닝 이스케이프 1문항 (20점)	누르기	누르기	- 누르기에서 안정된 자세로 손과 발의 위치 - 꺾기 조르기에서 정확한 포인트를 잡고 시도하는지	사이드 컨트롤, 스카프 홀드, 노스 앤 사우스, 마운트, 백 컨트롤, 백 마운트, 니 온 더 밸리	
			포지셔닝			
		서브미션	조르기		트라이앵글, 암 트라이앵글, 크로스 라펠 초크, 루프 초크, 이제키엘, 베이스볼 초크, 포암 초크, 클락 초크, 하프넬슨	
			꺾기		암바, 기무라, 아메리카나, 오모플라타, 레그락 (앵클락, 니 바, 토우 홀드, 카프 락)	
방어와 탈출	조르기 꺾기 1문항 (20점)	포지션 ESC			사이드 컨트롤, 스카프 홀드, 노스 앤 사우스, 마운트, 백 컨트롤, 백 마운트, 니 온 밸리	
		서브미션 ESC			초크 ESC, 암바와 락에서 ESC, 레그락에서 ESC	
		낙법			전방, 후방, 측방, 회전, 장애물	
응용		공격 후 연계 동작			테이크다운 후 굳히기, 가드 패스나 스윕 후 굳히기	
		탈출 후 카운트			누르기나 서브미션에서 ESC 후 굳히기	

(출처: 대한주짓수회)

01 클로즈 가드 스윕(Closed guard sweep)

(1) 시저스 스윕(Scissors sweep)

1) 상대의 팔 깃과 목깃을 잡고 가드를 오픈한다.

2) 자신의 한 다리의 정강이는 상대의 가슴 쪽에 45도 각도로 밀착시키며 강하게 밀어 준다. 이때 나머지 한 다리는 바닥을 쓸면서 바닥에 있는 상대의 다리를 걸어 준다.

3) 마지막 순간 자신의 양다리가 가위 모양으로 종이를 자른다는 느낌으로 움직이면서 상대를 넘긴다. 그대로 따라 올라가 마운트를 차지한다.

tip) 스윕 직전까지 상대방의 오른손이 바닥을 짚지 못하도록 자신의 몸에 붙여서 고정시킨다.

(2) 기무라 스윕(Kimura sweep)

1) 클로즈 가드 상태 혹은 오픈 가드로 전환하며 상대의 팔에 기무라를 걸어 준다.

2) 상대가 기무라를 피하기 위해 자신에게 몸을 붙이며 팔을 숨겨 줄 때 기무라를 건 쪽 팔을 자신의 허리회전력을 이용해 돌려준다. 이때 발로 강하게 바닥을 밀어 상대를 스윕시킨다.

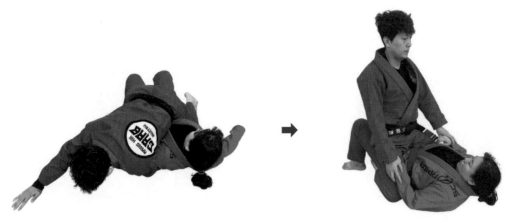

3) 스윕 시 기무라를 시도한 팔은 바닥을 짚어 주며 나머지 팔은 자신의 겨드랑이에 강하게 끼워 준다.

tip) 상대가 허리를 세울 시 상대에게 올라앉듯이 밀면서 곧장 마운트를 시도하기도 한다.

02 클로즈 가드 패스(Closed guard pass)
상파울루 패스 or 또지패스(Sao Paulo pass or Tozi pass)

1) 클로즈 가드에 갇힌 상황에서 한 손으로 상대의 겨드랑이를 제압한 상태에서 오른팔로 상대의 도복 뒷깃을 잡아 준다.

2) 상대의 옆쪽으로 이동해서 자신의 아랫배가 상대의 허벅지를 압박해서 바닥에 닿도록 한다. 반대 발을 세워 주고 그 사이로 한 다리를 슬라이딩한다.

3) 한 손으로 클로즈 가드를 하고 있는 상대방 발목을 밀어 주어 가드가 풀리게 만든다. 뒤에 있던 다리가 상대의 다리 너머로 오면서 하프 가드를 만든다. 마지막으로 하프 가드를 패스하면서 사이드를 차지한다.

tip) 상대가 하프 가드를 만들기 전에 발목을 넘겨서 사이드로 넘어오기 쉽게 만든다.

(1) 롤 오버 스윕(Roll over sweep), 샤오린 스윕(Shaolin sweep)

1) 하프 가드에서 한쪽 다리는 Z 가드로 방어해 주며 양손을 이용해서 상대의 손목 깃을 반대로 넘겨주어 기술을 세팅하는 동안 못 넘어오게 해 준다.

2) 넘긴 상대의 손은 자신의 한쪽 손으로 계속 잡아 둔 채 자신의 반대 팔꿈치는 몸을 세워 준다. 마지막으로 상대가 자신의 다리를 빼지 못하게 손으로 상대의 무릎 쪽 도복을 잡아 준다.

3) 마지막으로 목을 자신의 한쪽 어깨에 붙인 상태에서 반대쪽 어깨로 뒤구르기를 하면 스윕이 완성된다.

tip) 상대가 손목 깃을 제압해 바닥을 짚지 못하도록 한다.

(2) 니 탭 스윕(Knee tap sweep)

1) 하프 가드 상태에서 자신의 무릎은 상대방 겨드랑이 아래에 위치한다. 기회를 잡아 상대방의 팔을 차올려서 공간을 만들어 주고 자신의 손으로 상대의 겨드랑이 안쪽으로 언더훅을 잡는다.

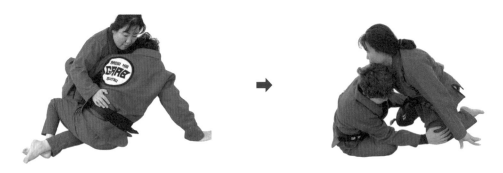

2) 아래쪽에 훅을 걸고 있던 다리는 빼내어서 무릎과 발을 매트에 대어 상대를 밀 수 있는 구조를 만든다.

3) 바닥을 짚고 있던 손으로 상대방의 무릎을 끌어당기면서 밀어서 넘어뜨린 후 사이드 포지션으로 이동한다.

tip) 상대의 겨드랑이를 제압했을 경우 상대의 무게에 눌려 쓰러지지 않도록 한다.

1) 하프 가드를 잡힌 상태에서 상대의 다리를 보고 앉는다. 이때 자신의 팔꿈치는 상대의 겨드랑이 밑에 있어야 한다.

2) 상대에게 잡혀 있는 다리를 세워 준다. 이때 상대에게 스윕을 당하지 않게 한다.

3) 자신의 무릎으로 상대의 허벅지를 밀면서 잡혀 있는 다리를 빼낸다. 이때 손으로 상대의 무릎 깃을 당겨서 틈을 벌려 주어 다리를 빼내며 사이드를 차지한다.

05 버터플라이 가드 스윕(Butterfly Guard sweep)

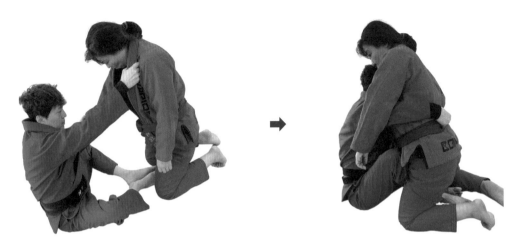

1) 다리를 버터플라이 모양으로 해 주며 상대의 다리 사이로 들어간다. 한 손은 상대의 겨드랑이를 파 주거나 도복을 잡아 주고 다른 손은 상대의 삼두근 쪽 도복이나 팔을 잡아 준다.

2) 상대를 던질 쪽 발은 바닥을 짚어 주고 반대 다리는 상대의 허벅지를 위쪽으로 차 주면서 상대를 스윕시킨다.

(3) 상대를 따라 돌면서 사이드 포지션을 차지한다.

tip) 상대를 스윕시킬 때 옆으로 누워야 다리로 상대를 옆으로 차기 용이하다. 뒤로 누울 경우 상대에게 그대로 눌리는 경우가 많다.

1) 버터플라이 가드를 세팅한 상대의 겨드랑이를 파서 상대의 뒷목 도복 깃을 잡는다.

2) 반대쪽 손으로 상대의 한 다리를 겨드랑이에 끼운 상태에서 나머지 한 다리의 도복 깃을 잡아서 두 다리를 제압한다.

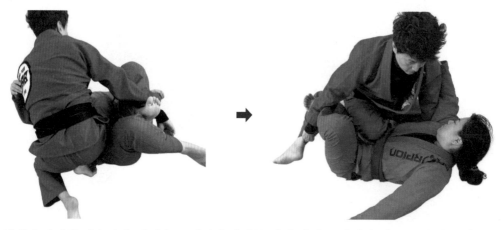

3) 상대의 다리를 잡은 손을 바깥으로 자신의 다리를 피해 당기고 상대의 뒷목 도복 깃을 잡은 손은 당기면서 바로 사이드를 잡아 주며 니 온 밸리를 한다.

tip) 상대를 패스할 경우 자신의 다리를 들어 허벅지에 있는 상대의 다리를 신속히 제거한다.

07 시팅 가드 스윕(Sitting guard sweep)

1) 상대방의 앞 다리를 시팅 가드 상태에서 안아 준다. 이때 자신의 정강이와 상대의 정강이가 맞닿게 해 주며 팔로 상대의 정강이를 안아 준다.

2) 상대방의 반대쪽 손 그립을 잡아서 정강이를 안아 준 손으로 넘겨잡아 준다. 이때 상대는 손과 다리 한쪽을 제압당하게 된다. 넘겨준 손은 상대의 상의 도복 깃을 잡아 준다.

(전면 사진)　　(좌측면 사진)

3) 대각선 방향으로 누워 주며 제압한 상대 발의 발등을 자신의 발등으로 들어 올리며 넘어뜨려 사이드까지 간다.

tip) 그립 세팅 후 누울 때는 뒤가 아닌 옆으로 눕는다.

1) 상대가 신투신 세팅을 끝내기 전에 다리를 접어 돌리며 상대의 몸 쪽으로 넘어간다.

2) 이때 한 손은 상대의 목덜미 깃을 잡아 뒤로 눕혀 주고 한 손으로는 반대쪽 무릎 깃을 잡아서 고정시켜 준다. 반대쪽 다리는 크게 원을 그리며 상대에게 잡히지 않게 넘어간다.

(측면자세)

3) 다리가 바뀐 니 온 밸리 자세를 만들며 사이드로 미끄러져 내려오면 포지션을 만든다. 정확한 니 온 밸리 포지션으로 다리를 전환해야 포인트가 인정된다.

tip) 무릎을 기준으로 돌려서 발을 넘겨서 사이드로 빠르게 이동한다.

엑스가드 스윕(X-guard sweep) 기출

1) 싱글 엑스가드나 스파이더 가드를 이용해 상대의 다리 사이로 들어간다.

(뒷모습)

2) 상대의 한 다리는 자신의 팔로 안고 반대쪽 다리의 허벅지와 오금을 자신의 발로 밀면서 테크니컬 스탠드 업 자세로 일어난다.

(3) 스윕을 한 후 상대의 다리에 있는 자신의 머리를 옆쪽을 보면서 빼내고 사이드를 차지한다.

10 엑스가드 패스(X-guard pass) 2가지 ^{기출}

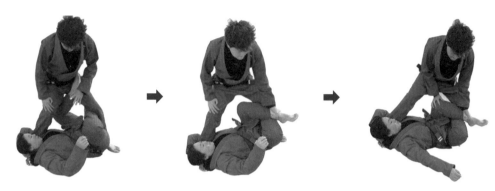

1) 자신의 허벅다리에 위치한 상대의 발목을 눌러서 바닥으로 최대한 붙게 해 준다.

2) 자신의 손으로 상대의 무릎을 눌러 주고 반대 손으로 바꿔 주면서 상대의 허벅다리 위에 앉는다.

3) 상대에게 잡힌 발을 앞으로 돌려 빼주며 반대쪽으로 넘겨준다. 상대에게 슬라이딩하며 사이드를 차지한다.

1) 잡힌 쪽 발에 무게를 실어
준다. 자신의 허벅지에 있는 상
대의 발을 당겨 주어 컨트롤하
지 못하게 한다.

2) 엑스가드에 걸린 발을 앞쪽으로 들어주며 다리 사이로 이동
하여 상대에게 니 온 밸리를 한다. 잡힌 다리를 펴 주며 완벽한
니 온 밸리 혹은 크로스 픽스를 만들어 준다.

3) 잡힌 다리를 펴주며 완벽한 자세의 니 온 밸리 혹은 크로스 픽스를 만들어 준다.

11 데라히바 가드 스윕(Delariva guard sweep)

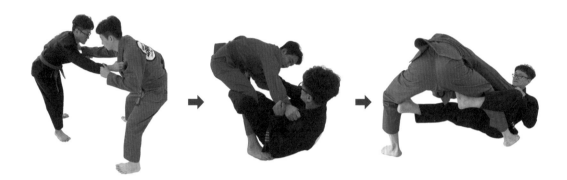

1) 서 있는 상대의 다리 중 앞에 있는 다리를 자신의 다리로 감싸며 빼지 못하게 하고 상대의 발목 쪽 도복이나 발목을 잡는다.

2) 반대쪽 다리는 상대의 허벅지를 밀어 상대가 중심을 쉽게 잡지 못하게 흔들어 주며 자신의 가드를 유지시킨다.

3) 기회가 생기면 자신이 감싸안은 상대의 다리와 반대쪽 다리 사이 대각선으로 가로지르며 상대의 백 포지션으로 이동하거나 상대가 앉을 경우 베림보로 공격을 노릴 수 있다.

tip) 상대의 옆 가슴에 자신의 귀를 밀착시킨다는 느낌으로 최대한 가까이한다.

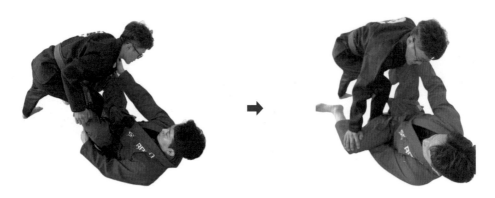

1) 상대에게 데라히바 가드가 세팅되었을 경우에는 신속히 자신의 무릎을 감싸고 있는 상대의 무릎 깃을 잡아 발 쪽으로 밀고 자신의 골반을 밀고 있는 다리의 바지 깃을 잡아 주어 중심을 잡는다.

2) 데라히바 가드를 잡힌 발의 폭을 넓히면서 상대의 훅을 풀리게 하는 동시에 무릎을 꿇어서 상대의 다리를 누른다. 동시에 반대쪽 다리를 뒤로 빼고 손으로는 상대의 목깃을 잡는다.

3) 자신의 머리를 상대의 상체에 붙이고 옆으로 넘어오면서 패스를 성공시키며 사이드 포지션을 차지한다.

tip) 자신의 다리를 감싸고 있는 상대의 다리의 그립을 뜯는 것이 중요하다.

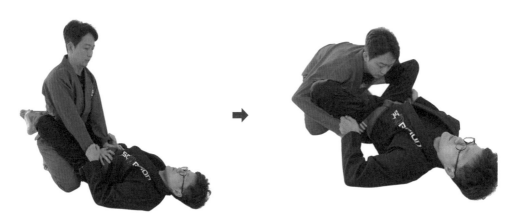

1) 클로즈 가드 상태에서 오픈 가드로 전환해 주며 자신의 양 무릎으로 상대의 팔꿈치를 벌려 주면서 공간을 마련한다.

2) 옆으로 몸을 틀면서 한 다리를 빼내어 상대의 이두를 밟아 주며 팔을 펴게 만든다. 반대 다리는 상대의 골반을 밀어 준다.

3) 상대의 중심을 이동시키거나 접힌 팔의 이두근 부분을 다리로 높게 밀어서 스윕 등을 노릴 수 있다. 골반을 밟고 있는 다리로 상대의 다리를 쓸어 주고 상대의 이두를 밟고 있는 다리는 공중으로 올려주어 상대를 스윕시킨다.

스파이더 가드 패스(Spider guard pass)

 ➡

1) 상대의 한쪽 다리를 눌러 주며 자신의 손을 돌려 스파이더 가드에서 벗어나면 그립을 잡는다.

2) 옆으로 몸을 틀면서 한 다리를 빼내어 상대의 이두를 밟아 주며 팔을 펴게 만든다. 반대 다리는 상대의 골반을 밀어 준다.

3) 상대의 두 다리 그립을 잡은 상태로 앞으로 밀어 주고 사이드를 차지한다.

라쏘 가드 스윕(Lasso guard sweep)

(라쏘 가드 그립)

1) 상대에게 가드포지션을 차지한
다. 한 다리는 상대의 골반과 나머
지 다리로 상대 팔의 이두근을 컨
트롤 할 준비를 한다.

2) 상대의 팔 쪽 도복을 잡고 다리를 이용해 상대의 팔을
밖에서 안으로 감싸 주며 상대의 겨드랑이 안쪽으로 넣
어 주며 라쏘 가드를 세팅해 준다.

3) 잡은 손은 자신의 허벅지 위쪽에 걸리게 하여 상대의 팔을
컨트롤하며 이때 반대쪽 팔은 보통 스파이더 가드로 상대를
앞쪽으로 밀어 준다. 다가온 상대의 다리를 웨이터 가드로 잡
아 주고 골반으로 다리를 옮겨 준다.

4) 두 다리를 동시에 당겼다가
밀어 주어 상대를 넘어뜨리며
사이드 포지션을 차지한다.

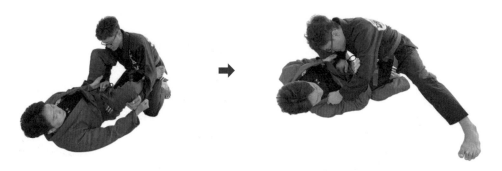

1) 상대에게 라쏘 가드가 세팅되었을 때는 상대의 발목깃을 잡고 끌려가지 않도록 하며 뒤로 당겨 상대의 다리가 바닥에 닿도록 한다. 바닥에 닿은 다리를 자신의 다리로 눌러 준다.

2) 뒤로 튕겨나지 않도록 상대의 상의 깃을 잡아 주어 중심을 잡아 주며 상대의 가슴에 머리를 붙이며 상대의 사이드로 넘어온다.

3) 이때 상대를 누르고 있는 다리를 다른 다리로 넘어오면서 누르고 있던 다리를 뒤로 돌려서 빼 준다.

4) 그대로 사이드를 차지하거나 레그 위브 형태로 다리를 장악하고 팔꿈치로 누르며 반대쪽으로 넘어간다.

tip) 상대의 라쏘 가드의 걸린 팔에 의해서 리커버리될 수 있으므로 유의한다.

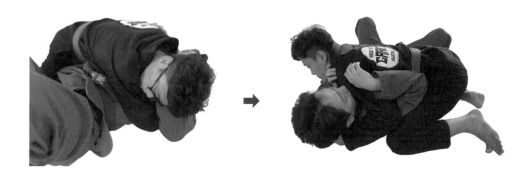

1) 사이드 포지션을 차지한 상황에서 한 손으로는 상대의 목 뒤로 넣어 주고 한 손은 상대의 겨드랑이를 파서 양손을 맞잡아 준다.

2) 자신의 한쪽 무릎은 상대의 겨드랑이 쪽에 위치하고 한쪽 무릎은 상대의 골반에 위치하고 최대한 바닥으로 붙여 준다.

3) 상대가 머리를 밀수 있으므로 상대에게 밀착하고 고개를 다리 쪽으로 향하게 하여 쉽게 밀지 못하도록 한다.

tip) 사이드 포지션 컨트롤은 상대를 공격하기 좋은 자세이며 단순히 포지션을 차지한 상태에서도 상대의 체력이 많이 빠지므로 많은 연습으로 익숙해져야 한다.

사이드 포지션 컨트롤 이스케이프
(Side position control escape)

1) 상대가 사이드 컨트롤하고 있는 상황이라면 첫째로 상대의 목 쪽을 안고 있는 팔의 어깨를 잡아 주며 반대 팔로는 상대의 골반 쪽으로 들어가서 상대의 움직임을 막아 준다.

2) 상대 쪽으로 어깨 브리지를 하며 새우 드릴로 공간을 마련하여 무릎을 상대의 복부에 위치시킨다.

3) 양 다리가 상대의 양쪽 골반을 막아 주도록 하며 상대의 손목 깃도 같이 컨트롤해 주며 오픈 가드 혹은 클로즈 가드로 전환한다.

1) 곁누르기 자세로 상대의 목을 감싸 안고 한 손으로는 상대의 손 깃을 잡아 당겨 자신의 겨드랑이에 끼운다.

2) 자신의 뒷다리를 앞쪽으로 넓게 벌려 베이스를 잡는다. 손으로는 상대의 팔 깃을 당겨서 압박한다.

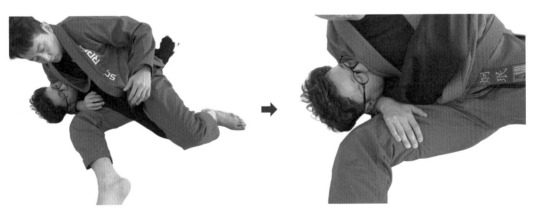

3) 자신의 무게를 상대에게 더해 압박을 높이거나 목을 잡은 손을 자신의 허벅지를 잡아 자세의 안정도를 높일 수 있다. 기회에 따라 상대의 팔을 펴게 만들어 암바를 걸 수 있다.

tip) 스카프 홀드 포지션 시 상대의 목을 지나치게 당기면 넥클램크로 반칙이 선언될 수 있으니 유념한다.

1) 상대에게 팔까지 완전히 제압당했을 경우 상대의 등 뒤로 양손을 잡고 브리지 할 준비를 한다.

2) 상대 쪽으로 브리지를 한다. 이때 상대방과 밀착하는 것이 중요하다.

3) 이때 상대방이 계속해서 버티려고 밀착하게 되면 반대로 브리지를 해서 자세를 뒤집으며 이스케이프 한다.

tip) 상대의 백 포지션을 가져오기 위해서 밀착하게 되면 상대는 기피하기 위해 공간을 내어주게 된다. 이때 여러 가지 공격 루트를 갖게 되어서 이스케이프가 수월하게 될 수 있다.

21 노스 사우스 포지션(North-south position)

1) 자신의 배가 상대의 얼굴을 누르도록 한다. 얼굴은 상대의 배 부분에 위치한다.

2) 보통 상대의 벨트를 잡는다. 이때 자신의 팔꿈치는 상대의 겨드랑이 사이에 있게 한다.

tip) 노스 사우스 상태에서 초크(노스 사우스 초크) 등을 시도할 수 있다.
노스 사우스 포지션은 스파링이나 시합에서 많이 나올 수 있는 포지션이므로 익숙해지도록 연습이 필요하다.

노스 사우스 포지션 이스케이프
(North-south position escape)

1) 상대에게 겨드랑이를 모두 제압당하며 노스 사우스 포지션을 주었을 경우에는 상대의 겨드랑이를 위로 든다는 느낌으로 들며 팔을 직각으로 만들어 프레임을 만들어 준다.

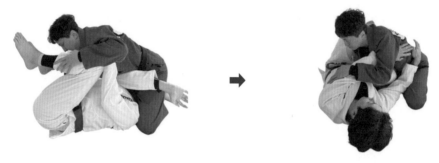

2) 옆구르기를 한다는 느낌으로 몸을 접으며 한쪽 무릎을 넣어 주며 상대의 반대쪽 무릎을 막아 준다.

3) 뒤구르기 상태에서 다리를 이용하여 상대의 반대편 어깨를 막아 주며 최종적으로 상대의 골반에 다리를 올리며 오픈 가드 형태로 이스케이프 한다.

23 마운트 암바(Mount arm-bar) ^{기출}

1) 누워 있는 상대의 가슴에 올라가서 겨드랑이 밑에까지 올라가는 것을 목표로 한다. 올라탄 상태에게 팔 하나를 자신의 양손으로 당겨서 무릎을 겨드랑이까지 위치한다. 반대쪽 역시 두 손으로 당겨서 무릎을 위치한다.

* 상대의 얼굴을 자신의 배로 누르고 팔을 상대가 잡게 되면 트랩 앤 롤 이스케이프로 빠져나올 수 있으므로 조심한다.

2) 한 다리를 S자 형태로 상대의 머리 옆에 두며 한 팔로는 상대의 팔을 잡는다. 다른 팔로는 바닥을 짚어서 중심을 잡으며 한 다리로 상대의 얼굴 너머로 넘긴다.

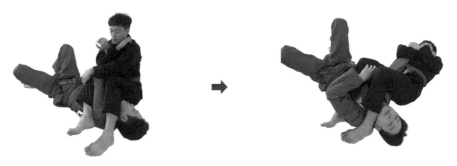

3) 바닥을 짚은 팔로 같이 상대의 팔을 잡으며 바닥으로 엉덩이를 내리고 상대의 팔에 암바를 건다.

tip) 상대의 얼굴을 자신의 배로 누르고 팔은 상대가 잡게 되면 트랩 앤 롤 이스케이프로 빠져나올 수 있으므로 조심한다.

24 마운트 이스케이프(Mount escape)

1) 마운트로 올라온 상대를 브리지로 튕겨서 상대방이 바닥을 짚게 한다.

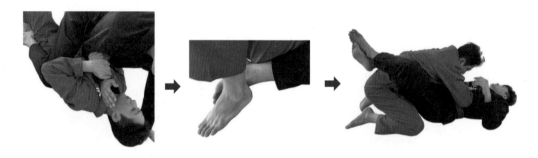

2) 브리지 할 팔을 자신의 양팔로 잡아서 당겨 바닥을 못 짚게 하며 상대의 발은 옆으로 뻗지 못하게 자신의 발로 바깥쪽을 막아 준다.

3) 마지막으로 상대의 팔을 제압하고 발에 트랩을 만든 쪽으로 브리지를 최대한 크게 하면서 어깨 브리지 하며 가드로 들어가거나 불리한 자세에서 탈출한다.

tip) 가장 기본적인 이스케이프로 상대가 마운트 위치에 있을 경우 자신의 겨드랑이를 붙여서 위쪽까지 올라오지 못하도록 한다.

1) 상대의 등에 업힌 형태로 두 발은 상대의 허벅지에 올려놓는
다. 이때 양발은 꼬지 않는다.

2) 한 팔은 상대의 어깨 위로 한 팔은 상대의 겨드랑이로 들어가
서 잡는다. 이때 양손은 깍지를 끼지 않는다.

3) 머리는 상대의 뒤통수에 붙여서 밀착시킨다.

tip) 발을 꼬았을 경우 발목을 공격하면 부상에 위험이 있기 때문에 하지 않도록 유념해야 한다.
다리를 4자 모양으로 잡아 효과적일 수는 있으나 포인트로 인정받지는 못한다.

(손목 컨트롤)

1) 상대가 백 컨트롤하고 있는 상태에서 겨드랑이 쪽 팔이 안 빠지도록 옆으로 눕는다. 이때 상대의 어깨 위에 있는 손이 초크를 시도하지 않도록 계속해서 목을 방어해 준다.

(상대의 발목 컨트롤)

2) 발을 이용해 상대가 컨트롤하고 있는 발을 밟아서 자신의 한 다리를 빼 준다. 이때 자신의 머리는 바닥과 닿아 있어야 초크의 확률이 줄어든다.

3) 한 손을 이용해서 상대의 나머지 한 발을 밀어 주면서 가드를 회복한다. 혹은 그대로 딥 하프 가드를 만들어 준다. 상대가 사이드를 잡으려는 상대에게는 구르면서 가드를 회복한다.

tip) 이스케이프 할 때는 항상 상대의 초크 공격을 방어하면서 진행해야 한다.

백 마운트(Back mount)

마운트와 마찬가지로 매트에 상체를 완전히 붙인 채 누워 있는 상대의 뒤에서 올라타는 자세이다. 이때 상대의 양팔은 다리 사이에 있으면 상대가 쉽게 자세가 무너지므로 마운트와 마찬가지로 겨 드랑이에 아래에 위치해야 한다.

* 백 마운트 자세는 경기 종반 힘이 많이 빠진 경우나 여성부 혹은 키즈부 시합에서 많이 나온다.

tip) 백 마운트 자세에서 보통 백 컨트롤로 이동하기 쉬우므로
최대한 백 마운트 자세가 나올 것 같으면 신속히 자세를 변경한다.

백 마운트 이스케이프(Back mount escape) 2가지

(1) 백 마운트 이스케이프 첫 번째

* 백 마운트에서 이스케이프 시 백 컨트롤 자세로 전환이 많이 일어나기 때문에 이를 예상해서 상대의 다리훅이 들어오지 않도록 한다.

1) 한 손이나 양손을 상대의 다리 안쪽으로 넣는다. 이때 전진하면서 무릎을 꿇는다.

2) 상대의 바지 도복을 잡아 앞으로 밀면서 일어나거나 가드를 회복한다.

TIP) 백 마운트에서 이스케이프 시 백 컨트롤 자세로 전환이 많이 일어나는데, 상대가 이를 예상하여 다리훅을 집어넣으며 백 컨트롤 자세로 가지 못하도록 주의한다.

(2) 백 마운트 이스케이프 두 번째

1) 한 손이나 양손을 상대의 다리 안쪽으로 넣는다. 이때 전진하면서 무릎을 꿇는다.

2) 상대의 바지 도복을 잡아 앞으로 밀면서 롤링한다.

1) 가드 상태에서 상대의 양 팔목을 잡는다. 자신의 다리를 벌리며 상대의 한쪽 손을 자신의 다리 사이로 넣으면서 상대의 한쪽 팔과 목을 잡는다.

2) 자신의 다리 사이로 넣은 손을 빼며 상대의 남은 팔을 당겨서 크로스로 놓는다.

3) 자신의 손으로 상대의 뒤통수를 감싼 다리의 발목을 당겨 주며 풀어 준 다리는 상대의 골반 부위를 밟으며 상대와 직각으로 틀어 준다.

4) 상대의 뒤통수를 감싼 다리의 발목에 골반을 밟아 준 다리의 오금을 4자 모양으로 잡아 주며 양손으로 상대의 뒤통수나 자신의 무릎을 안아 주며 조르기를 완성한다.

30 트라이앵글 초크 이스케이프 (Tringle choke escape) 기출

1) 상대의 트라이앵글 초크가 완벽히 세팅되며 마무리로 자신의 머리가 당겨지지 않도록 허리를 세워 주며 고개를 들어 준다. 이때 상대가 팔을 당기지 못하도록 양손으로 띠나 상대의 하의 도복을 잡아 버텨 준다.

2) 앉으면서 한 다리를 상대의 복근 위로 올려준다. 띠를 잡은 손으로 자신의 발목을 잡아서 균형을 잡아 준다. 나머지 한 발도 올려 꼬아 준다. 모든 것이 세팅이 되었으면 옆으로 누워 준다.

3) 자신의 경동맥을 압박하는 다리를 양손으로 잡아 주고 허리를 펴서 다리에서 벗어난다. 이때 사이드로 이동하거나 크로스 픽스 자세를 노릴 수 있다.

tip) 트라이앵글 초크가 완전히 세팅되면 이스케이프 하기가 힘들어진다. 상대가 뒤통수를 당기지 못하도록 허리를 완전히 펴고 뒤통수를 잡히지 않도록 한다.

1) 사이드 포지션을 차지한 상태에서 자신의 목을 미는 상대의 팔을 자신의 뒤통수를 이용하여 상대의 목 쪽으로 보내 준다. 마운트를 거쳐 상대의 반대쪽으로 넘어온다.

2) 상대의 반대쪽으로 넘어올 때는 자신의 발이 상대에게 잡혀 상대가 하프 가드를 만들지 못하도록 한다.

3) 반대쪽으로 넘어갔을 때는 상대의 목과 팔을 압박하고 바닥에 몸을 바짝 붙여 스윕을 방지하며 압박한다.

tip) 사이트 포지션에서 상대가 목을 미는 힘을 역이용하여 암 트라이앵글 그립을 잡도록 한다.

1) 상대에게 암 트라이앵글이 걸렸을 경우에는 반대쪽으로 브리지 하여 공간을 조금이라도 마련하여 자신의 팔을 빼낸다.

2) 빼낸 손으로 자신의 허벅지를 통과하여 반대 손을 맞잡아 다리의 힘을 더하게 되면 일단 한숨 돌릴 여유가 생기게 된다.

3) 상대가 강하게 그립을 유지하려 하며 그대로 뒤구르기를 하여 곁누르기 자세를 만든다.

tip) 그립이 잡힌 팔로 전화를 받는 포즈를 만든다면 초크를 방어하여 시간을 조금 더 벌 수 있다.

1) 클로즈 가드 상태에서 상대의 라펠을 꺼내서 상대의 뒷목덜미 너머로 반대쪽 손으로 건네준다. 옮겨 받은 라펠이 상대의 목 근처로 놓이게 하고 다시 건네준 손으로 옮겨 잡는다.

2) 이때 자신의 마지막으로 옮겨 받은 손의 엄지 부분이 상대의 경동맥을 압박하게 하고 라펠은 상대의 뒷목덜미를 막아 주어 상대가 목을 뒤로 빼는 것을 막아 준다.

3) 나머지 한 손은 상대의 뒤통수 쪽 라펠을 잡아 주고 상대의 머리를 밑에 둔 상태에서 반대쪽으로 넘어가 상대의 반대쪽 경동맥을 막아 주어 십자가 모양으로 상대를 공격한다.

tip) 클로즈 가드 상태에서 상대가 눈치채지 못하게 상대의 라펠 그립을 빼내는 것이 중요하다.

34 루프 초크(Loop choke)

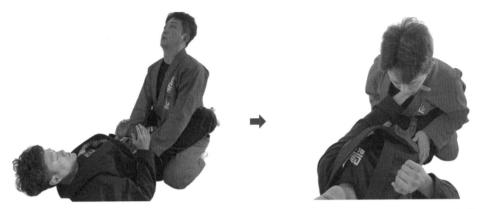

1) 가드 상황 혹은 오픈 가드에서 상대의 목깃을 크로스로 잡아 준다. 옮겨 받은 라펠이 상대의 목 근처로 놓이게 하고 다시 건네준 손으로 옮겨 잡는다.

2) 상대가 목을 들지 못하게 한 손으로 눌러 준다.

3) 자신의 겨드랑이에 상대의 목을 끼워 주고 뒤 통수를 누르던 손이 겨드랑이 쪽으로 들어가며 팔짱을 끼듯이 경동맥을 공격한다. 이때 상대가 자신의 다리를 패스하도록 유도하여 사이드를 내주면서 루프 초크를 시도하면 더욱 좋은 포지 션으로 루프 초크의 효과를 극대화할 수 있다.

tip) 상대가 눈치채지 못하도록 루프 초크 그립을 만들어 놓고 기다려서 상대가 스스로 들어오게 유도한다.

1) 마운트 상황 혹은 가드 상황에서 자신의 한 손으로 상대의 목을 안아 준다.

2) 안아 준 손을 갈고리처럼 하여 자신의 반대 손 손목 깃을 잡아 준다.

3) 자신이 손을 상대의 반대쪽 목으로 돌려 경동맥을 누르고 상대의 목을 감싸안아 주면서 자신의 손목 깃을 당기고 있는 손도 당겨 주면 상대에게 압박을 쉽게 전달할 수 있다.

tip) 마운트 포지션뿐만 아니라 백 컨트롤 상황 등 다양한 포지션에서 시도할 수 있는 서브미션이다.

36 베이스볼 초크(Baseball choke)

1) 사이드 포지션 상황에서 상대의 목을 감싸고 있는 손의 엄지로 상대의 뒷깃을 잡아 준다.

2) 니 온 더 밸리를 만들어서 상대의 움직임을 봉쇄해 주며 나머지 남은 손으로 반대편 목깃을 잡아 준다.

3) 준비가 된 상태에서 배트를 잡 듯이 상대의 깃을 잡아 주고 양손 사이에 상대의 목, 즉 경동맥이 위 치하도록 하여 압박해 준다.

tip) 초크의 형태가 야구배트를 잡는 그립과 비슷하여 베이스볼 초크라 한다.
사진과 다르게 배트를 휘두르는 형태로 진행하여도 상관없다.

포암 초크(Forearm choke)
발포사 초크(Barbosa choke) or 페이퍼 커터 초크(Paper cutter choke)

1) 사이드 포지션에서 상대의 다리 방향에 있는 손으로 상대의 겨드랑이를 파 주면서 상대의 뒷목깃을 잡아 준다. 이때 계속해서 상체로 상대를 누르고 있어야 한다.

2) 다시 사이드 포지션을 잡아 주며 상대가 벗어나지 못하도록 한다.

3) 상의를 잡아 준 손을 지지점으로 하여 팔뚝으로 상대의 경동맥을 압박하여 눌러 준다. 상대의 뒷깃을 당겨 주면 더욱 강하게 압박할 수 있다. 이때 모양이 페이퍼 커터의 날 모양이어서 페이퍼 커터 초크라고 한다.

tip) 사이드 포지션에서 남북으로 잠시 위치를 전환하여 뒷깃을 잡으면 수월하다.

38 클락 초크(Clock choke)

1) 상대가 터틀 자세로 있을 경우 시트 벨트 (Seat belt)로 상대를 압박한 후 상대의 겨드랑이에 있는 쪽의 상대 목 그립을 반대 손으로 넘겨준다. 넘겨받은 손은 상대의 목에서 최대한 가깝게 잡는다.

2) 한 손으로 상대의 팔목을 잡고 상대의 뒤통수를 가슴으로 누르고 머리는 바닥으로 바짝 붙인다.

3) 양 다리가 시계의 시침과 분침처럼 움직인다. 이때 상대가 상체를 세우지 못하도록 한다.

tip) 상대가 롤링으로 빠져나가지 못하도록 상대의 팔 깃이나 다리 깃을 잡는다. 팔목을 계속 잡을 경우 스윕의 위험이 있다.

1) 백 컨트롤 자세에서 상대의 어깨 위에 있는 팔 쪽의 손은 상대의 상의 도복 라펠을 타이트하게 잡아 준다. 이때 다른 손으로 도복 라펠을 타이트하게 잡아 건네주면 좋다.

2) 상대의 겨드랑이 아래에 있는 손이나 팔뚝 부분으로 상대의 뒤통수를 밀어 준다.

3) 상대의 팔이 올라가며 이 자세를 레슬링에서 하프넬슨으로 부르기도 하며, 도복이 있기 때문에 초크를 걸기 쉽다.

tip) 풀넬슨은 반칙 공격이나 하프넬슨은 유효한 공격이다.

40 / 암바(Arm-bar)

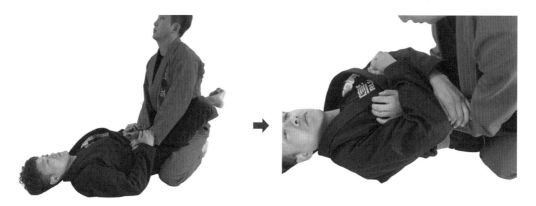

1) 클로즈 가드 상황에서 상대의 양팔을 클로즈로 잡는다.

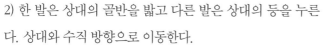

2) 한 발은 상대의 골반을 밟고 다른 발은 상대의 등을 누른다. 상대와 수직 방향으로 이동한다.

3) 상대의 턱을 밀면서 골반을 밟고 있는 다리가 상대의 머리를 넘어와서 암바를 완성한다.

4) 이때 두 허벅지로 상대의 팔을 조이며 상대의 엄지가 하늘을 향하도록 만든다. 장딴지로 상대의 머리를 컨트롤 할 수 있도록 한다.

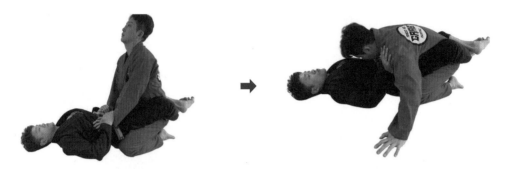

1) 클로즈 가드 상황에서 상대의 허리를 당겨서 바닥을 짚도록 유도한다.

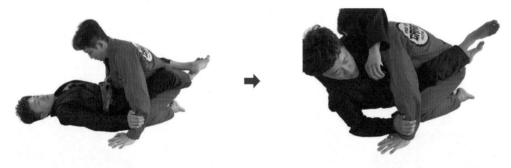

2) 바닥을 짚은 손의 팔목을 잡고 가드를 풀며 바닥을 지지하며 허리를 세운다. 이때 자신의 반대 손으로 상대의 팔을 얽어매며 자신의 손목을 잡는다.

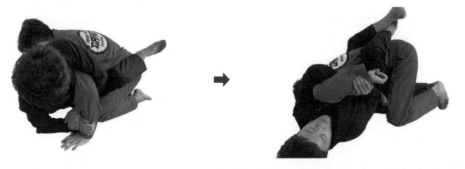

3) 다시 가드를 만들거나 바로 자신의 다리로 상대의 허리를 눌러 패스하지 못하게 한 뒤 상대의 팔을 기역자 형태로 만들어 상대의 등 뒤쪽으로 올리며 꺾어 준다.

42 아메리카나(Americana)

1) 사이드 포지션에서 상대가 팔로 자신을 밀려고 할 때 상대의 팔을 잡는다. 이때는 자신의 팔꿈치와 팔이 바닥에 닿도록 하고 상대의 목 쪽에 붙여서 틈을 없앤다.

2) 상대의 팔을 90°로 만든 후 바닥의 틈 사이로 자신의 손을 넣어서 팔목을 붙잡는다.

3) 상대의 팔을 고정시킨 자신의 팔은 그대로 바닥에 둔 채로 팔목을 잡은 팔만 들어 올려서 각을 만들어 상대의 어깨를 공격한다.

tip) 상대의 팔목을 잡은 팔의 팔꿈치는 바닥에 붙여서 상대의 얼굴과 팔목을 컨트롤하기 수월하다.

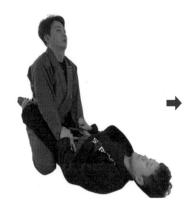  

1) 가드 상황에서 상대의 허리를 당겨서 손이 바닥을 짚도록 유도한다.

2) 오모플라타를 걸 쪽 팔의 팔목을 잡고 몸을 상대의 다리 쪽으로 반원을 그리면서 붙여주며 다리로 상대의 삼두 쪽을 눌러 바닥에 닿도록 해 준다.

3) 자신의 손으로 상대의 허리를 안아서 상대가 회전하여 이스케이프 하는 것을 예방한다. 다리로 상대 어깨를 고정시키고 반대편 어깨 쪽으로 상체를 기울여 탭을 받을 수 있다.

tip) 실제 시합 상황에서는 상대가 회전할 수 있으므로 항상 상대의 움직임을 따라갈 수 있도록 집중해야 한다.

44 　니 바(Knee bar)

1) 오픈 가드에서 상대의 다리 사이로 한쪽 무릎만 넣어 준다. 이 때 양손으로 상대의 다리를 안아 준다.

2) 양쪽 허벅지로 상대의 다리를 조여 주며 양손으로는 상대의 다리를 안은 상태에서 몸에 붙인다.

3) 허리의 힘으로 상대의 다리를 펴게 만들어 무릎에 압박을 준다.

tip) 니 바는 시합에서 브라운벨트 이상부터 사용할 수 있다. 자신의 양 허벅지로 상대의 다리를 조여 주면 압박이 더욱 강해진다.

45 니 바 이스케이프(Knee bar escape)

1) 상대에게 니 바가 세팅되었을 때에는 한 손으로 상대의 도복 띠를 잡아 주어 허리를 조금이라도 펴지 못하게 한다.

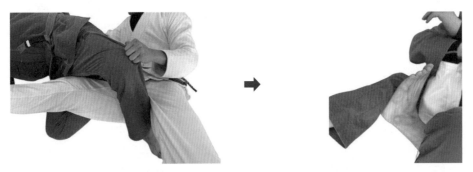

2) 다른 한 손으로 상대의 무릎을 당겨서 허벅지를 열어 주고 본인 다리의 가동 범위를 확보해 준다.

3) 남은 한 다리를 넘겨서 상대의 오금 사이를 밀어 주며 니 바의 범위에서 벗어난다.

tip) 실제로는 사진과 같이 흰 띠에게 니 바(Knee bar) 사용 자체가 반칙으로 하는 대회가 많다.

46 토우 홀드(Toe hold)

1) 50/50 상태 혹은 앉은 상태에서의 싱글 엑스가드 그립에서 상대의 발가락 부분을 자신의 손으로 감싸 쥔다.

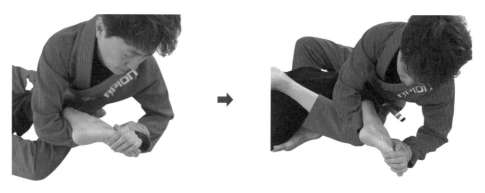

2) 기무라 그립으로 자신의 손목을 감싸 쥔다.

3) 상대의 무릎을 엉덩이에 붙여 준다는 느낌으로 상대의 다리를 접으며 압박한다.

tip) 상대의 발가락 부분을 감싸 쥐면서 무릎을 접어준다는 느낌으로 걸면 성공도를 높일 수 있다.

1) 토우 홀드는 상대의 발에 기무라 그립을 잡아 엉덩이 쪽으로 상대의 다리를 접어서 기술을 거는 원리이므로 상대가 다리를 접지 못하도록 롤링을 한다.

2) 이때 발목을 접어서 상대가 쉽게 꺾지 못하도록 한다.

3) 옆으로 구르며 베림볼로 카운터를 할 수 있다.

48 / 카프 락(Calf lock)

1) 터틀 상태의 상대에게 백 컨트롤을 시도하는 것처럼 한 뒤 자신의 다리로 훅을 걸어 준다.

2) 훅이 허벅지에서 멈추는 것이 아니라 더욱 깊숙이 들어가서 상대의 발 쪽을 바라보면서 앉아 준다.

3) 자신의 정강이와 상대의 장딴지가 닿도록 상대의 발끝을 잡고 당겨 준다. 이때 다리를 4자 포지션으로 만들어 주게 되면 쉽게 빠지지 않도록 한다.

tip) 종아리 근육의 파열과 십자인대까지 손상이 올 수 있으므로 조심해야 한다.

1) 상대에게 카프 락이 세팅되었을 경우에는 상대의 무릎 도복을 잡아 밀고 띠를 잡아서 상대의 힙 밑으로 들어가서 상대의 힘을 약하게 한다.

2) 상대의 장딴지 부분을 자신의 뒤꿈치로 밀어서 다리가 빠지기 용의하게 한다.

3) 무릎이 빠지게 되면 그대로 백 포지션을 만들거나 역으로 카프 락 공격 혹은 바나나 스플릿 공격으로 카운터할 수 있다.

50 리어 네이키드 초크(Rear naked choke)

1) 상대의 뒤에서 백 컨트롤 자세를 만든다.

2) 상대가 방어를 하지 않는 경우 상대의 팔 하나를 제압한다.

3) 팔을 깊숙이 넣어서 상대의 양 경동맥을 공격하며 자신의 팔
에 이두를 잡고 잡힌 팔은 상대의 뒤통수 혹은 목을 밀어 준다.
상대가 팔을 찾지 못하게 얼굴로 막아 준다.

tip) 상대의 그립이 완성된 후에는 기술을 풀기 어려우므로 상대의 공격시도 전에 팔을 놓치지 않도록 한다.

리어 네이키드 초크 이스케이프
(Rear naked choke escape)

1) 완전히 리어 네이키드 초크가 세팅이 된다면 이스케이프 하기 어렵다. 포인트는 뒤통수 아래를 밀어 주는 손이 들어가기 전에 목을 감싼 손을 양손으로 강하게 잡거나 그립을 완성하기 전에 손으로 잡아서 그립을 뜯는다.

2) 두 손으로 상대의 팔을 잡아 상대의 삼두근 쪽으로 얼굴을 빼낸다.

3) 이때 백 컨트롤을 당하고 있다면 뒤로 누워 체중을 실으며 상대의 머리 쪽으로 올라가야 초크의 범위에서 멀어지게 된다.

tip) 등으로 상대에게 무게를 실어서 다른 기술이나 포지션 이동을 사전에 차단한다.

암바 이스케이프(Arm-bar escape)

1) 상대에게 암바가 걸렸을 경우에는 자신의 손으로 암바가 걸린 팔이 펴지지 않게 잡아 준다.

2) 상대의 골반에 자신의 다리를 놓고 상체로 압박한다.

3) 압박한 상체는 그대로 놓고 암바에 걸린 팔을 조금씩 빼낸다.

4) 빼낸 팔로 상대의 도복 바지를 잡고 옆으로 돌리고 고개를 빼내며 사이드를 차지한다. 다른 한 손은 상대의 상의 도복을 잡아 이스케이프 하지 못하도록 한다.

tip) 상대가 허리를 펴지 못하도록 계속해서 압박하며 팔을 빼는 것이 중요하다.

1) 상대와 더블 풀 가드 상황에서 자신의 겨드랑이 사이로 상대의 발목을 잡는다.

2) 상대의 다리 사이로 무릎을 넣으면서 바깥쪽 다리는 상대의 골반을 밀어서 허리를 펼 수 있게 한다.

3) 안쪽으로 돌게 되면 반칙(브라운, 블랙벨트 허용)이므로 바깥쪽으로 돌면서 상대의 아킬레스에 압박을 주어 제압한다.

tip) 그립은 잡은 상태로 안쪽으로 돌게 되면 반칙이었으나 개정된 IBJJF룰에는 브라운, 블랙벨트에서는 허용된다.

54 아킬레스 홀드 이스케이프 (Achilleus hold escape)

1) 상대에게 아킬레스 홀드가 세팅되었을 경우는 상대가 허리를 끝까지 펴지 못하도록 상대의 도복 상의를 잡아 주며 한 손을 바닥을 짚어서 일어난다.

2) 자신의 허리에 올라가 있는 상대의 발을 쉽게 떨어뜨리기 위해 허리를 틀어 준다.

3) 그대로 돌면서 상대의 마운트를 타거나 옆으로 누우면서 오모플라타로 전환한다.

tip) 상대의 발을 밀어서 벗어나는 것이 중요하다.

니 온 밸리(Knee on valley)

1) 사이드에서 상대의 배나 가슴을 자신의 정강이 부분으로 눌러 준다.

 ➡

2) 이때 상대의 안면 쪽에 가까운 다리는 편 상태로 있어야 한다. 반대일 경우에는 포인트로 인정되지 않는다.

3) 안정성과 효과적인 압박을 위해서 상대의 도복 상의 깃이나 바지 깃을 잡을 수 있다.

tip) 지면을 지지하는 다리 쪽의 무릎이 바닥에 닿으면 포인트가 아니다.

1) 상대에게 니 온 밸리 자세를 주었을 때는 배 위에 올라와 있는 무릎을 한 손으로 밀면서 상대의 뻗어 있는 다리를 같이 밀어 준다.

2) 이때 빠르게 새우빼기를 같이 해 줘서 상대의 무릎이 누르는 것을 피한다.

3) 상대 다리가 양다리 사이에 위치할 경우 하프 가드를 유지해도 되며 밖에 있는 다리로 상대의 골반을 밀어 주면서 클로즈 가드로 전환해도 된다.

tip) 지면을 지지하는 다리 쪽을 밀어서 상대가 니 온 밸리 자세를 유지 못 하도록 하는 것이 중요하다.

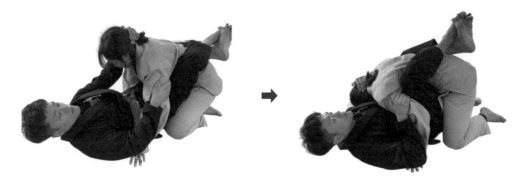

1) 상대의 목을 겨드랑이에 넣은 채로 감싸안는다.

(팔그립 모습)   (팔그립 모습)

2) 이때 상대의 경동맥을 자신의 이두근과 전완근으로 압박하여야 한다. 한 번에 양쪽 경동맥이 압박되지 않을 수 있으나 한쪽은 완벽히 눌러야 한다. 정확한 자세가 만들어지면 셀프가드로 상대를 끌어들인다.

3) 스탠딩 상태도 가능하며 셀프가드일 경우에는 상대가 길로틴이 걸린 쪽 반대로 넘어가지 못하게 한다. 즉 풀 가드를 할 필요는 없으나 길로틴 초크 걸린 쪽 반대 다리는 상대의 허리를 감싸서 넘어가지 못하도록 한다.

tip) 상대의 기도보다는 경동맥을 압박하여 기술을 거는 것이 효율적이다.

58 길로틴 초크 이스케이프
(Guillitine choke escape)

1) 상대에게 길로틴 초크가 걸렸을 경우에는 반대쪽 어깨에 팔을 올려서 압박을 줄여 준다.

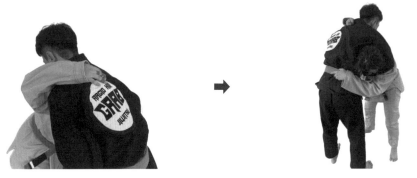

2) 한 손으로 상대의 허리를 감싸안으며 옆으로 이동하여 다리로 상대의 양다리를 걸어 주어 넘어 뜨린다.

3) 중심을 잡으며 사이드 포지션을 차지한다.

tip) 상대의 백으로 이동할 때는 허리를 펴서 자신의 목에 압박을 줄인다.

1) 상대의 다리를 양손으로 감싸안는다. 이때 자신의 양다리로도 상대를 잡아 둔다.

2) 잡고 있는 상대의 다리를 축으로 회전하며 누워 준다. 이때 한 손으로는 상대의 도복 띠를 잡아 주며 상대의 다리 안쪽으로 깊숙이 누워 준다. 손목 깃을 컨트롤하지 못하도록 감춰 주며 겨드랑이를 좁혀서 상대에게 제압당하지 않도록 한다. 자신의 다리로 잡고 있는 상대 다리의 발은 바닥에 닿지 않도록 띄워 준다.

3) 다시 원상으로 회전하며 중심을 잃은 상대의 스윕한다. 이때 자신의 다리를 이동하여 사이드 포지션으로 이동한다.

tip) 상대의 다리 안으로 누울 때는 자신의 어깨가 상대의 엉덩이 안쪽으로 깊숙이 들어가서 상대와 수평이 되도록 한다.

60 딥 하프 가드 이스케이프 (Deep half guard escape)

1) 딥 하프 가드를 세팅한 상대의 무릎 쪽 깃을 당겨
자신의 무릎이 바닥에 닿도록 만들어 준다.

2) 왼쪽 다리가 상대의 머리를 넘어서 반대쪽으로 이동한
다. 이때 한 손으로는 상대의 겨드랑이를 제압하여 백 포
지션으로 이동하는 것을 차단한다.

3) 자신의 양다리는 스위치 해 주며 상대의 사이드 포지션
을 차지한다.

tip) 상대가 딥 하프 가드 포지션을 완성하여 자신의 한 다리를 컨트롤하기 전에 자신의 무릎이 닿도록 신속히 시도한다.

1) 선 자세에서 앞으로 떨어지며 양손바닥은 얼굴 앞부분에서 삼각형 형태를 만들어 주며 팔꿈치 각도는 45° 정도로 벌려 주고 어깨는 수직을 유지한다.

2) 손바닥과 팔꿈치가 동시에 바닥에 닿도록 하며 앞으로 떨어진다.

3) 머리와 복부 등은 매트에 닿지 않게 한다. 얼굴은 정면이 매트에 닿지 않게 지면에 손이 닿는 순간 옆으로 돌려준다.

tip) 처음 연습 시는 점프하지 말고 무릎을 꿇고 시작하고 익숙해지면 점점 높이를 높여 간다.

1) 차렷 자세에서 팔을 들어 펴고 기마 자세로 낮춘다. 다음으로 엉덩이를 발뒤꿈치 가까이 내리며 앉는다.

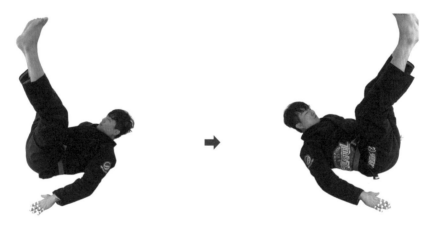

2) 무릎을 펴면서 다리를 모아 공중으로 펴 준다.

3) 뒤로 누우며 등이 닿는 순간보다 조금 빠르게 팔을 벌리며 바닥을 치도록 한다. 익숙해지면 기마자세나 완전히 선 상태로 점프하여 후방낙법을 시행할 수 있다.

tip) 지면에 등이 닿기 직전 팔이 먼저 지면을 치면서 충격을 분산시킨다.

63 측방낙법

1) 토끼뜀 자세 혹은 선 자세에서 옆으로 누우면서 다리를 편다.

2) 한 발은 좌측으로 비스듬히 앞으로 뻗고 한쪽 팔은 반대쪽 어깨까지 올리고 바닥에 닿는 순간 충격 분산을 위해 바닥을 쳐준다.

3) 엉덩이부터 앉으며 옆으로 넘어진다. 팔은 일시에 치며 옆구리와 팔의 각도는 45° 정도가 적당하다. 시선은 배꼽을 쳐다봐서 뒤통수가 바닥에 닿지 않도록 한다.

tip) 상대방에게 던지기 기술이나 테이크다운을 당할 시 유용하므로 많은 연습이 필요하다.

64 / 전방회전낙법

1) 우자연체로 선다. 허리를 숙이고 무릎을 가볍게 굽히고 왼손을 왼발 앞, 오른손은 오른발과 왼손 가운데 짚어 정삼각형이 되도록 한다. 앞으로 나온 발 쪽 손의 손날을 세워 준다. 반대 손은 손바닥으로 지탱한다.

2) 왼발로 지면을 밀면서 오른쪽 팔꿈치, 어깨, 등, 엉덩이 순으로 바닥에 닿도록 구른다. 이때 손날을 세운 손 쪽의 팔을 타고 구른다는 느낌으로 진행한다.

3) 일어나지 않고 바닥을 쳐 주며 고개는 들어 준다. 이때 한쪽 다리는 펴 주지 않고 한쪽 다리는 무릎을 세워 준다. 익숙해지면 회전력으로 일어나면 된다.

tip) 바닥에 닿는 두 손과 앞선 발이 삼각형을 이루도록 한다.

1) 회전 낙법과 동일하나 장애물을 앞에 두고 도움닫기 후 장애물을 앞으로 뛰어넘는다.

2) 공중에서 돌면서 바닥에 닿는 순간 손으로 바닥을 치며 일어서는 동작을 연습한다.

3) 낙법을 치면서 반동으로 일어나면서 연속으로 시행한다.

tip) 바닥에 닿는 순간 충격을 최소화하도록 한다.

66 원 렉 테이크다운(One leg take down)
싱글 렉 테이크다운(Single leg take down)

1) 상대의 두 다리 중 앞에 나온 다리를 잡는다. 다리를 잡으면서 앞선 다리의 무릎은 꿇어주고 뒷발이 따라와서 밀어줄 수 있게 한다. 뒷다리가 신속히 앞으로 이동해야 테이크다운 성공률이 높아질 수 있다.

2) 자신의 머리는 상대의 옆구리에 붙이고 가슴은 상대의 다리에 밀착시킨다. 이때 허벅지로 상대의 다리를 조여 주어 다리가 빠지지 않게 한다.

3) 한 다리를 빼며 바깥으로 회전하면서 상대를 바닥으로 넘어뜨린다.

tip) 상대의 갈비 부위에 자신의 이마 부위를 붙여서 상대를 압박한다.

1) 상대와 정면으로 선 상태에서 앞발을 한 걸음 내딛는다. 레벨 체인지, 즉 런지 동작으로 자세를 낮추며 상대의 두 다리의 오금을 잡아 준다. 이때 잡는 느낌보다는 훅을 채운다는 느낌으로 잡아 준다.

2) 뒷발의 추진력으로 스텝을 넣으면서 앞발의 무릎 스텝 후 잡아 준 상대를 대각선 방향으로 넘어질 때까지 밀거나 들어주어 테이크다운한다.

tip) 상대의 옆 가슴에 자신의 귀를 밀착시킨다는 느낌으로 최대한 가까이한다.

68 업어치기(Seoi-nage, Shoulder throw) ^{기출}

1) 우 맞잡기로 선다.

2) 상대의 왼손을 앞 위쪽으로 당기고 자신의 오른발은 상대의 오른발 앞에 내딛고 왼발을 돌려 나란히 선다.

3) 이때 무릎을 구부려서 중심을 낮추고 발은 11자를 만든다.

4) 상대의 깃을 잡은 손을 돌려 도복을 감아 앞으로 당기면서 앞으로 회전한다.

5) 이때 허리를 숙이게 되면 상대를 업게 되는데 상대의 복부와 기술 시전자의 등이 최대한 붙게 만든다. 마지막으로 구부린 다리를 펴면서 앞으로 메친다.

1) 상대와 우 맞잡기로 마주 선다. 상대 왼손을 앞 위쪽으로 당기고 자신의 오른발을 상대 오른발 앞에 내딛는다.

2) 자신의 오른팔은 상대 오른쪽 겨드랑이 깊숙이 넣어서 꽉 잡는다.

3) 오른발을 축으로 왼발을 올려 들어가 상대의 등을 밀착시키며 업는다. 이때 자신의 발은 11자로 상대와 나란히 서며 머리는 옆으로 숙인다.

4) 자신의 어깨에 상대의 체중이 실리면 무릎을 펴며 상대를 메친다.

70 업어 떨어뜨리기(Seoi Otoshi)

1) 상대와 우 맞잡기로 마주 선다. 상대를 내 쪽으로 기울이면서 가슴 깃을 쥔 손을 비틀며 팔꿈치를 상대의 겨드랑이에 단단히 밀착시킨다. (양팔 업어치기와 동일)

2) 상대의 다리 사이로 몸을 돌리며 다리를 꿇고 앉는다. 이때 상대 쪽으로 잡은 팔이 들리거나 상체를 세우면 안 된다.

3) 상대의 소매 깃을 잡은 팔을 당기면서 대각선으로 회전 낙법을 친다는 생각으로 돌면서 상대를 넘기면 된다.

빗당겨치기(Tai-Otoshi, Body drop)

1) 우 맞잡기로 마주 선다. 자신의 오른발을 상대의 양발 사이 앞쪽에 내딛고 왼발을 조금 돌려놓는다.

2) 상대의 오른손은 앞 위쪽으로 당기고 자신의 오른손은 상대 턱을 위로 올리듯 잡아당긴다.

3) 자신의 왼발은 상대의 왼발 밖에 위치하며 뒤돌며 오른발은 상대 오른발 밖으로 디딘다.

4) 상대의 왼 소매를 크게 기울여 당기며 발목을 받침점으로 무릎을 펴 대각선으로 상대를 메친다.

tip) 상대는 측방낙법을 치며 시전자는 팔을 끝까지 당겨 준다.

1) 우 맞잡기 상태에서 왼발을 뒤로 빼며 무릎을 낮추며 오른손으로 상대의 다리 사이로 깊숙이 넣는다.

2) 상대의 오른 다리 무릎 뒤 오금을 잡으면서 왼손을 당겨 상대의 낭심 부위에 어깨를 밀착시키도록 한다.

3) 이때 무릎을 굽혀 앉았다가 상대가 밀착되면 왼발을 오른발 쪽으로 이동하며 왼쪽 어깨너머로 메친다. 상대가 중심이 낮을 경우 왼쪽 무릎을 꿇으면서 메칠 수 있다.

* 상대는 좌측방낙법을 친다.

1) 우 맞잡기 상태로 선 상태에서 몸으로 상대의 상체를 뒤로 밀면서 다리를 잡는다.

2) 먼저 상대의 오금을 잡은 뒤 손을 내려서 발목을 잡는 다. 발목을 잡는 순간 낚아채듯이 자신 쪽으로 당긴다.

3) 이때 오른손으로 상대의 가슴 깃을 뒤로 민다.
4) 상대를 끝까지 밀어 넘기며 넘어진 상대는 후방낙법을 한다.

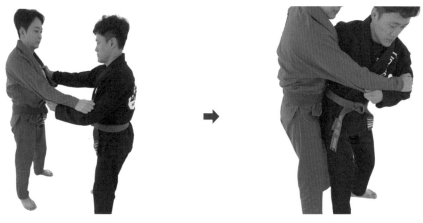

1) 우 맞잡기 상태에서 상대의 왼손을 앞 위쪽으로 당기고 오른발을 상대 오른발 앞에 내딛는다.

2) 상대 왼쪽 겨드랑이 밑으로 깊숙이 넣어 상대를 잡는다.

3) 낮추었던 무릎을 펴며 허리로 상대를 들어 올린다.

4) 상대의 왼 소매를 당겨 기울이고 오른팔을 끌어당기며 메친다.

1) 한 손으로는 상대의 소매 깃을 잡고 다른 손으로는 상대의 목깃을 잡은 뒤 기울이기를 한다.

2) 오른발을 앞으로 내딛으며 상대의 소매를 앞으로 끌어당긴다. 이때 왼발이 돌아 들어가며 무릎을 구부리며 자신의 중심을 낮춘다.

3) 상대의 오른 다리를 밖으로 후리며 메친다.

 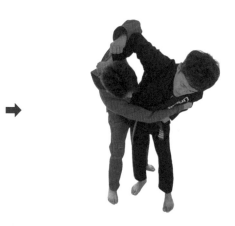

1) 상대의 목깃을 잡는다. 오른팔로 상대의
목깃을 잡고 왼팔을 앞쪽 아래로 당긴다.

2) 오른팔로 상대를 들어주고 오른발을 앞으
로 내딛는다.

3) 상체를 끝까지 위로 돌리며 메친다. 상대는 측방낙법 자세를 취한다.

밭다리 후리기(Osoto-gari, Large outer reap)

1) 우 맞잡고 선다. 왼손으로 잡은 상대의 오른 소매를 잡아서 당기고 오른손은 밀면서 상대를 자신의 가슴에 붙인다.

2) 상대의 오른발 옆으로 왼발을 내딛는다.

3) 들어 올린 오른 다리로 상대의 오른 다리오금을 후려 준다. 이때 상대를 뒤쪽으로 눌러 준다.

4) 자신의 왼발로 중심을 잘 유지하고 상대는 좌측방낙법으로 자신을 보호한다.

1) 우 맞잡기 상태로 선다.

2) 자신의 오른쪽 팔꿈치가 상대의 오른쪽 겨드랑이 사이로 들어간다는 생각으로 대각선 방향으로 기울이기를 한다.

3) 마지막 순간 한 발이 뒤로 빠지면서 남은 발이 상대의 발꿈치를 쓸면서 넘어뜨린다. 이때 상대를 등으로 민다는 기분으로 밀어 같이 넘어져야 성공률을 높일 수 있다.

1) 우 맞잡기 상대로 선다. 왼발을 뒤로 놓고 오른발을 상대의 오른발 앞쪽으로 놓는다.

2) 상대의 소매를 잡은 왼손을 아래로 당겨서 기울이고 오른손은 업어치기와 마찬가지로 말아서 당긴다.

3) 자신의 오른발로 상대의 오른발 뒤꿈치 안쪽으로 댄 상태에서 엉덩이를 빼지 않고 발바닥으로 후려서 메친다.

4) 이때 자신의 오른손으로는 상대의 턱 부위를 밀어서 올린다.

안다리 후리기(Ouchi-gari, Large inner reap)

1) 우 맞잡기로 마주 선다. 왼발을 뒤로 내딛으며 자신의 왼손으로 잡고 있는 상대의 오른 소매를 당긴다.

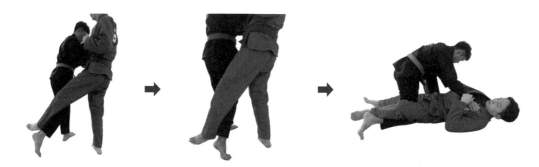

2) 오른손은 업어치기와 마찬가지로 깃을 말아서 잡아 주고 오른발은 상대의 양다리 가운데 앞으로 놓는다.

3) 상대의 왼쪽 다리오금 부위를 감아 건다. 이때 몸을 밀착시킨다.

4) 깃을 잡은 오른손으로는 깃을 잡아 내리고 왼손은 상대의 소매를 잡아 올린다. 이때 왼발은 중심을 잡아 주고 오른발은 반원을 그리듯이 후려서 메친다.

발목 받히기(Sasae-Tsurikomi-Ashi, Supporting foot lift-pull throw)

1) 우 맞잡기를 한다. 상대의 상의 깃을 오른쪽으로 당기고 왼 소매를 들어 올린다.

2) 자신의 오른발을 상대의 왼 발목 옆에 댄다.

3) 오른발을 댄 상태로 상대의 상체를 기울여 상대를 넘어뜨린다.

* 상대는 왼쪽 좌측방낙법을 치게 된다.

1) 우자연체로 잡고 오른손은 상대의 목깃을 잡는다.

2) 양손은 위 앞쪽으로 당겨서 돌리며 오른발은 상대의 양발 사이로 넣는다.

3) 상대의 오른손을 잡은 자신의 왼손은 당겨주고 무릎은 약간 굽히고 몸을 돌린다.

4) 무릎을 튕기며 자신의 뒷허벅지로 상대의 다리를 들어 준다는 느낌으로 다리를 펴면서 허리를 숙여 상대를 넘겨준다.

tip) 허벅다리 걸기와 허벅다리 후리기는 같은 기술이며 난이도가 있으므로 숙련도가 많이 필요하다.

배대 뒤치기(Tomoe-nage, Circular throw)

1) 우 맞잡기로 마주 선다. 맞잡은 상황에서 상대를 당겨 자세를 낮춰 주면서 오른발을 들어 올린다.

2) 기술 시전 동안 상대의 양발 사이로 깊숙이 들어가야 하며 자신의 오른발을 상대의 오른 다리 가랑이 안쪽을 발바닥으로 대고 약간 사선으로 상대의 왼쪽 다리 쪽으로 눕는다.

3) 상대를 뒤로 던지며 팔과 깃을 잡은 손을 같이 돌려준다. 마지막 순간 접힌 무릎을 펴면서 메친다.

84 안오금 띄기(Sumi-gaeshi)

1) 상대가 허리를 숙였을 때 한 손으로 상대의 팔 깃을 잡고 한 손으로는 상대의 등이나 띠를 잡는다.

2) 뒤로 누우면서 왼발은 매트에 대고 오른발 발등을 상대의 왼 다리오금을 들어 올리면서 상대가 앞으로 돌면서 넘어지게 한다.

1) 상대가 중심을 아래로 낮게 하는 경우 상대의 허리를 등 쪽에서
부터 감싸안는다.

2) 상대의 중심 아래로 누우며 뒤로 넘긴다.

3) 눕는 순간 어깨 브리지를 하며 넘기는 힘을 더할
수 있다.

II.

경기 및 심판규칙
- 2문제(40점)

JJIF 룰상의 경기룰이 원칙이며 심판 규칙에 대한 것으로 주내용은 주어진 시합 상황에 대한 대처와 선수 혹은 심판의 입장에서 룰에 대한 이해도를 테스트한다.

단답형 내용보다는 전체적인 상황에 대한 이해를 중점적으로 다루고 있어 평소 시합을 많이 보면서 실제와 같이 점수를 계산해 보는 연습이 필요하다. 여기에서는 그동안 대한주짓수회에서 예시로 주었던 스포츠지도사 실기 및 구술 문제를 중점으로 수록하였다.

사전에 연습한다면 충분히 좋은 점수를 받을 수 있다고 생각하고 결국 이러한 룰에 대한 적응이 실제시합과 스포츠지도사 실기시험에서 보다 좋은 성과로 나타날 것이라고 생각한다. 시간을 가지고 천천히 숙지하신다면 결코 어렵지 않게 준비할 수 있을 것이라 생각한다.

주로 다루는 내용은 시설 및 도구(경기장 규격, 도복), 경기 운영(레프리의 역할), 포인트 사항 혹은 포지션에 따른 점수의 차이, 페널티 사항과 실격 사항에 대한 전반적인 이해 등이 있다. 몇 번의 시합 경험이나 심판 경험이 있으면 전반적인 내용은 어렵지 않을 것이라 생각하지만 단순히 체육관에서 수련하는 수련생들의 입장에서는 까다로울 수 있으며 자신이 아는 내용을 구술로써 풀어내는 것은 또 다른 문제라 생각한다. 이에 얼마나 대응을 잘 하는지가 관건이기 때문에 꾸준한 연습이 필요하고 평소 체육관에서나 혹은 시합 영상을 볼 때 연습해 본다면 많은 도움이 될 것이라고 생각한다. 더욱이 근래에 들어서 성이슈가 사회적 화두로 떠오름에 주짓수뿐만 아니라 여러 종목의 스포츠지도사 구술평가에 출제되고 있으므로 꼭 숙지해야 할 것이다.

▶ 구술 검정

○ 평가 기준(정량, 정성 복합 평가)
○ 시행방법: 무작위 추첨을 통해 '경기 및 심판 규칙' 2문제(40점), '지도 방법' 2문제(40점), '리더십 및 태도' 1문제(20점)를 검정
○ 합격기준: 70점 이상(100점 만점)
○ 아래 내용은 구술 검정에 도움을 주기 위한 범위이며 아래 내용 외에 더 추가로 선정하여 검정할 수 있음

영역	배점	분야
경기 및 심판 규칙 (2문항)	40점	시설도구 경기 운영 포인트 페널티 실격
지도 방법 (2문항)	40점	기술 지도 방법 트레이닝 지도방법 체육지도자의 기본 상식과 소양
리더십 및 태도 (1문항)	20점	지도자의 신념과 지도 철학 질문에 대한 이해와 내용 표현 복장 및 용모, 답변에 대한 태도 및 성실도

(출처: 대한주짓수회)

* 복장은 실기를 했던 그대로를 추천드리며 실기시험 시 파손되었거나 이물질이 묻은 채로 구술에 참가하는 것은 감점의 요인이 될 수 있다. 남성은 도복 안에 래시가드를 입는 것도 감점에 요인이 될 수 있다.
* 면접관의 질문을 자세히 듣고 대답하며 되묻는 행위는 감점의 요인이 될 수 있다. 만약 질문이 들리지 않았을 경우 정중하게 "다시 한번 말씀 부탁드립니다" 등으로 최대한 예의를 갖추도록 한다.
* 실기장이나 구술장에 들어갈 시 수험번호와, 이름을 밝히며 정중하게 인사한다.
* 질문에 답변이 생각나지 않았어도 자신이 아는 대로 성의껏 대답해야 한다. 대답을 하지 못한 경우 점수가 나오지 않으므로 자신의 지식상 최대한 아는 범위 내에서 대답하도록 한다.
* 실기장과 구술장이 다를 수 있으므로 이에 당황하지 않도록 하며 항상 수험표는 제출해야 하니 분실하지 않도록 주의해야 한다. 신분증과 핸드폰은 사전에 제출해야 하며 신분증 제출은 필수이므로 자신을 증명할 수 있는 증명서를 꼭 지참해야 한다.

1. 포인트를 받을 수 있는 상황

tip) 적절한 대답이 떠오르지 않더라도 무응답과 잘못된 대답과의 차이는 3점 이상이므로 꼭 대답을 해야 한다!!

마운트, 백 마운트(4포인트) - 상대의 가슴이나 배 위에 올라가 앉아 양 무릎을 꿇고 포지션을 유지할 경우 포인트를 받는다. 한쪽 무릎을 꿇은 경우는 다른 쪽 발의 발바닥이 바닥에 닿아야 한다. 상대의 한쪽 팔이 다리(오금) 안에 있을 때에는 무릎이 어깨라인 아래쪽에 위치하게 해야 포인트를 받는다.

백 컨트롤(4포인트) - 상대의 등 뒤에서 발뒤꿈치를 상대의 양쪽 허벅지에 놓고 3초 동안 컨트롤할 때이며 다리를 엑스 자로 꼬지 않아야 하며 상대의 한 팔을 다리 안에 넣고 컨트롤할 때에는 어깨라인 아래에서 컨트롤해야 포인트를 받는다.

니 온 밸리(2포인트) - 똑바로 누워 있거나 옆으로 누워 있는 상대에게 자신이 무릎이나 정강이를 아래 선수의 배 위, 가슴, 옆구리에 올려놓고 3초를 컨트롤하면 포인트를 받을 수 있다.

스윕(2포인트) - 아래(가드나 하프 가드)에서 위에 있는 상대를 뒤집어 자신이 탑이 되어 3초간 유지했을 때이며 가드나 또는 하프 가드 바닥에서 위에 있는 상대를 넘겼으나(스윕) 상대가 올포자세(터틀)로 전환(탈출)했을 때 뒤쪽에서 상대를 3초 동안 컨트롤해야 포인트를 받는다.

테이크다운(2포인트) - 양 선수가 스탠딩에서 상대의 등이나 옆구리 또는 엉덩이를 바닥에 닿게 넘어뜨리고 3초를 유지했을 경우이며 스탠딩에서 상대를 올포 자세나 밸리 다운 자세로 만들어 3초 동안 컨트롤할 경우 포인트를 받는다.

가드 패스(3포인트) - 탑 포지션에서 바닥(가드 or 하프 가드)에 있는 상대의 양 다리를 지나 사이드나 노스 사우스(누르기 포지션)로 이동 후 상대를 3초 동안 컨트롤할 때 가드 패스 포인트를 받는다.

* 모든 포인트는 포인트 포지션에서 3초간 컨트롤 했을 경우 매트 레퍼리가 부여한다.

* 포인트를 더 받을 목적으로 이미 포인트를 받은 포지션을 자신이 내려왔다가 다시 올라가는 경우 포인트를 또 받을 수 없다.

시합에서 나올 수 있는 포인트 상황(정해진 상황을 심사관이 말해 주고 이 경우 포인트나 페널티에 대해 설명을 원할 수 있다.)
- 정당한 기술을 사용했으나 심판이 금지기술로 알고 실격패를 주었을 때는 (상대가 탭을 치기 전에 실격을 당한 경우에는) 2포인트를 획득하며 중앙에서 스탠딩으로 시합 재개한다.
- 경기 중 일부러 나간 경우나 점수를 잃지 않기 위하여 고의로 장외로 도망간 경우 해당 선수는 페널티 받으며 누적 페널티 룰을 적용하는데 해당 선수가 이미 2개의 페널티가 있을 경우에는 페널티와 상대에게 2포인트를 부여한다.
- 상대가 서브미션에 걸렸는데 테크니컬 이스케이프로 장외가 된 경우에는 공격자에게 2포인트를 부여한다.
- 상대 선수가 페널티의 누적으로 3번째 받았을 경우(4번째는 실격), U16 이하 경기에선 4~5번째에도 2점을 주고 6번째 실격 처리한다.

2. 어드밴티지 받을 수 있는 상황

tip) 어드밴티지 상황은 여러 가지 상황이 연출될 수 있으므로 몇 가지 대표적인 케이스의 숙지를 추천한다.

- 포인트 포지션 상황에서 상대를 3초 동안 컨트롤하지 못한 경우에 준다.
  (예: 가드 패스를 성공했지만 상대의 이스케이프로 인하여 3초간 컨트롤하지 못한 경우)
- 서브미션에 걸려 탭(항복)이 나올 정도까지 갔으나 이스케이프(탈출)을 한 경우 또는 경기가 종료된 경우
- 2번의 페널티가 누적되어 있는 상황이고 3번째로 받았을 경우 상대 선수에게 어드밴티지 부여 (누적 페널티 룰이 적용됨)
- 마운트 포지션 상황 시에 자신이 마운트 포지션까지 갔으나 상대의 양팔이 다리 안에 놓여 있을 경우
- 백 컨트롤 상황 시 상대의 양팔이 자신의 다리 안에 들어가 있을 경우나 자신이 발을 크로스로 꼬

고 있는 경우 혹은 바디 트라이앵글을 했을 경우

- 가드 패스 시 혹은 가드풀에서 만들어진 하프 가드 컨트롤

- 가드 패스 시 상대가 패스를 당하지 않기 위해서 등을 보이며 올포자세(터틀)로 간 경우

- 더블 풀 가드 상황에서 20초 전에 먼저 일어나는 쪽(탑에서 공격하는 쪽)

- 스윕을 성공하여 상대를 넘겨서 탑을 차지했지만 3초 동안 포지션을 유지하지 못했을 경우

- 공격자에 의해서 장외가 된 경우 포인트는 없고 중앙에서 스탠딩으로 재개한다. 만약 서브미션이
  위험한 상황(Real danger)이었다면 공격자의 서브미션에 어드벤티지를 부여

tip) 위험한 상황에 대한 판단은 심판이 결정한다.

3-1. [기출] 규정상 모든 벨트에서 허용되지 않는 기술 4가지 이상 말하시오

1) 슬램(가드나 서브미션을 잡고 있는 상대를 들어 메치기)

2) 초크를 시도하지 않고 척추 비틀기, 꺾기(트위스터/넥 크랭크)

3) 무릎 비틀기

4) 니 리핑

5) 시저스 테이크다운

6) 토우 홀드 시 밖으로 돌려 꺾기(새끼발가락에 직접적인 공격으로 인정되지 않는다)

7) 손가락 꺾기(몇 개를 단순히 잡는 건 상관없다)

8) 싱글 렉 테이크다운 시도 시 허리 밖으로 나온 상대 머리를 매트에 내려찍기(머리에 심각한 부
   상을 초래)

9) 수플렉스 시 상대의 머리나 목이 바닥에 닿을 경우(수플렉스 시도는 반칙 사항이 아님)

3-2. [기출] 서브미션이 걸린 상황에서 상대를 슬램 시 레프리의 상황 대처에 대해서 설명하시오

신속히 슬램을 당한 선수의 상태를 체크한다. 의료진을 필요로 하는 경우는 매트로 올라와서 선수

의 상황을 체크하도록 한다. 슬램을 당한 선수의 상태가 괜찮다면 일으켜 세운 후 시도를 한 선수에게 실격 페널티를 주며 실격 선언을 한다. 당한 선수에게는 승자선언을 하며 시합을 마무리하도록 한다. 이때 슬램을 한 선수는 슬램의 의도가 없이 실수로 혹은 힘의 부족으로 떨어진 경우라도 높이가 높거나 강도가 강한 경우에는 실격성 슬램에 해당한다. 기준은 상대의 시도에 의해서이며 자신의 그립이 풀리거나 스스로 풀어서 떨어지는 경우에는 계속 진행한다.

4. 누적성 페널티를 받는 상황을 3가지 이상 말하시오

1) 스톨링 - 선수들이 스탠딩 상태에서 경기를 진행하지 않고 있을 때 경기를 중지하고 적극적으로 임하지 않은 한 선수 또는 양 선수에게 "Fight"라고 구령을 한 후에 페널티 제스처를 취한다(그라운드 상황에서 선수가 움직임이 없을 경우는 "Fight"라고 구령하며 해당하는 제스처를 취한다. 동시에 10초 카운팅이 시작된다. 10초 카운팅에도 움직임이 없을 경우 페널티를 부여한다).
2) 스탠딩에서 상대와의 싸움을 회피하면서 매치에어리어를 나가는 경우 혹은 공방을 회피하면서 계속해서 주변을 돌기만 하는 경우.
3) 스탠딩에서 서브미션이나 점수를 얻으려는 기술적인 시도 없이 상대를 경기장 밖으로 밀어붙이는 경우.
4) 양 선수가 동시에 풀링 가드로 갔을 경우 레프리는 20초 카운트를 시작한다. 탑을 차지하는 선수가 없을 경우 경기를 중지하고 양 선수에게 페널티 1개를 부여하고 중앙에서 스탠딩으로 재개한다(서브미션이나 포인트 포지션인 경우가 진행 중인 경우는 20초가 경과해도 지켜본다).
5) 풀링 가드로 가는 상대 그립을 뜯어낸 후 그라운드 공방을 하지 않고 싸움을 회피하는 경우나 상위에 있는 선수가 그라운드 공방에서 탈출 후에 싸움을 회피하며 다시 그라운드로 돌아오지 않는 경우(적극적으로 상대에게 패스를 시도해야 한다).
6) 상대 선수의 도복 소매나 바지 단 안쪽에 손가락을 넣어 잡은 후 스윕이나 기타 기술 시도를 할 경우(서브미션 상황에서 공격자가 이 페널티를 받는 경우에는 경기를 중지하고 스탠딩에서 재개).
7) 상대 선수의 얼굴에 손이나 발을 대는 경우.
8) 상대를 잡지 않고 가드로 가거나 무릎을 꿇거나 앉을 경우.
9) 풀어진 벨트로 기술 시도했을 경우.

10) 경기 준비를 하지 않거나 지연시키는 경우.

11) 도복이나 벨트를 세팅하는데 20초 이상 걸리는 경우.

12) 15세 이하의 모든 벨트와 화이트벨트에서 상대 선수가 스탠딩일 때 점핑 가드와 점핑 서브미션을 시도했을 경우(레프리는 즉시 중지하며 페널티 부여 후 스탠딩으로 재개한다).

13) 의도적으로 상대 선수의 벨트나 도복 라펠에 발을 걸어서 컨트롤한 경우나 의도적으로 손으로 잡지 않고 라펠을 발로만 컨트롤하는 경우(우연히 걸리는 경우는 레프리가 신속히 제거해 준다).

14) 심판의 판단에 따른 결정을 선수가 말이나 제스처로 어필하는 경우(시합 중 의료적인 문제의 발생 또는 도복의 문제일 경우에는 예외).

15) 경기 종류 후 매트 레프리가 승자 선언을 하기 전에 경기장 밖으로 나갔다가 들어오는 경우.

16) 경기 중 혹은 승자로 발표되기 전에 승리 세레머니를 할 경우(신체적 우월성을 암시하는 몸짓이나 태도, 조롱하는 춤이나 행동들).

5. 실격성 페널티(디서플러너리 메이저 파울)를 받는 상황을 3가지 이상 말하시오(서브미션 제외)

* 실격성 페널티를 묻는 상황이나 단순 반칙에 대한 사항은 항상 출제 빈도가 높을 수밖에 없는 문제이다.

1) 경기 중, 전, 후에 상대 선수나 스텝, 심판, 관중을 향해 모욕적 말을 하거나 외설적인 행동 혹은 적대적인 행동을 보였을 때.

2) 상대 선수 물기, 머리카락 당기기, 눈이나 성기에 의도적인 압박, 주먹질, 발길질, 팔꿈치, 무릎, 박치기 같은 의도적인 타격.

3) 경기 중 또는 승리 세리머니를 할 때 상대 선수나 관중에게 공격적이고 무례한 행동을 취했을 때.

4) 경기 중에 한 선수 또는 두 선수 모두가 경기를 거짓으로 하는 경우.

5) 페널티가 4개 누적된 경우. (U16 이하 경기에서는 4~5번째 페널티를 범하는 경우에도 2점을 주고 6번째는 실격으로 처리)

6) 서브미션 걸린 상황에서 장외로 도망. (공격자가 했을 경우에는 중앙에서 재개 후 공격자에게 어드벤티지를 줄 수 있다)

7) 가드포지션 또는 백 컨트롤 상황에서 반칙성 슬램을 하는 경우.

8) 수플렉스 시 상대의 머리나 목을 바닥에 먼저 떨어뜨릴 경우에는 공격자에게 실격성 페널티에 해당.

9) 도복을 사용하지 않고 한 손 혹은 양손으로 상대의 목을 조르거나 엄지손가락으로 누를 때, 손으로 입과 코를 가려서 호흡 하는 것을 방해했을 경우.

10) 상대를 고의로 실격되는 포지션으로 만들었을 때.

11) 도복이 손상되거나 사용이 불가능한 경우가 발생하였는데 심판이 정해 준 시간 내에 도복을 교체하지 못했을 경우.

12) 싱글 렉 테이크다운에서 공격자의 머리에 부상을 입힐 수 있게 상대의 벨트를 잡고 바닥으로 끌어내려 머리를 바닥에 찍었을 경우.

13) 오버 훅 상태에서 상대의 옆구리라인(바디라인)을 넘은 경우.

6. 실격성 페널티를 받는 서브미션을 3가지 이상 말하시오

1) 초크 없이 척추 비틀기(보우앤애로우초크 시 나올 수 있다), 꺾기(트위스터/넥 크랭크)
2) 힐훅(블랙벨트 예외)
3) 무릎 비틀기(다리를 잡아서 무릎을 돌려 비트는 행위)
4) 토우 홀드 시 밖으로(새끼발가락 쪽) 돌려서 꺾는 공격
5) 손가락 꺾기(단순히 손가락을 몇 개를 잡는 건 상관없으나 직접적으로 꺾었을 경우에는 실격성 페널티에 해당)

7. 페널티를 받는 도복 그립 또는 도복 컨트롤에 대해서 설명하시오

1) 상대 선수의 도복 소매나 바지 단 안쪽에 손가락을 넣어서 잡은 뒤 스윕이나 기타 기술 시도를 할 경우(경기를 즉시 중지시키고 시도한 선수에게 페널티와 중앙에서 스탠딩으로 재개).

2) 의도적으로 상대 선수의 벨트에 발을 걸었을 경우나 상대의 도복 목뒤의 라펠에 발을 걸어 컨트롤 혹은 밀어내려고 시도했을 경우.

3) 상대 선수의 도복 라펠을 의도적으로 손으로 잡지 않고 발로만 컨트롤하는 경우.

8. 불리한 포지션에서 벗어나기 위해 무작정 도망을 가서 장외가 된 경우 심판의 판정에 대해서 설명하시오

점수를 잃지 않기 위하여 혹은 불리한 자세의 선수가 고의로 장외로 도망간 경우가 생길 수 있다. 이때 시도한 해당 선수는 페널티를 받고 상대 선수는 2점을 얻는다. 그리고 누적 페널티를 적용한다[패스가 거의 성공했지만 3초 유지를 못한 경우에는 어드밴티지는 받을 수 있다. 즉 어드벤티지+ 장외 선수 페널티+2점+누적 페널티 룰(상대 선수가 3번째라면 추가로 2점)].

* 서브미션, 스윕이나 테이크다운 시에도 해당하며 가드 패스 상황에서도 해당한다.

* 기존에는 단순히 2점과 중앙에서 스탠딩 재개를 했으나 계정되었다.

* 공격자에 의해서 장외가 된 경우 포인트는 없고 중앙에서 스탠딩으로 재개한다. 만약 서브미션이 위험한 상황 (Real danger)이었다면 서브미션에 어드벤티지를 부여한다.

9. 주짓수 도복 규정에 대해서 4가지 이상 말하시오

1) 도복 상-하의가 같은 색이어야 하며, 라펠 색은 전체적인 색상과 같아야 한다.

2) 패치는 규정된 것만 가능하며 고정되게 부착되어 있어야 한다. 또한 이음새가 없어야 한다. 승 인되지 않은 패치는 도복 체크 시 떼어내면 시합참가에는 문제가 없다.

3) 도복 바지 전면 하단의 브랜드 패치는 얇은 천으로 만들어져야 하며 최대 36㎝이다.

4) 선수들의 도복은 정해진 치수에 맞게 입어야 하며 도복이 오염되어 악취가 나거나 더럽지 않아 야 한다. 재질이 거칠거나 그립을 잡지 못할 정도면 안 된다.

* 도복 규정 정리

  1) 소매통과 바지통은 7㎝보다 작으면 안 된다.

  2) 라펠의 최대 폭은 5㎝, 라펠의 최대 두께는 1.3㎝이어야 한다.

  3) 벨트 너비는 4~5㎝이어야 한다. 벨트를 도복 상의 위로 허리에 두 번 감고 두 겹 매듭으로 상의가 잘 묶일 수

있도록 한다.

4) 소매길이는 양손을 나란히 펼쳤을 때 손목에서 5cm 이상 팔꿈치 쪽으로 올라가면 안 된다.

5) 도복 바지의 길이는 안쪽 복사뼈로부터 5cm 이상 올라가면 안 된다.

6) 라펠의 최대 폭은 5cm, 라펠의 최대 두께는 1.3cm이다.

10. 더블 풀 가드 상황에 대해서 설명하시오

1) 양 선수가 동시에 풀 가드로 갔을 경우 레프리는 20초 카운트를 시작한다. 탑을 차지하는 선수가 없을 경우 경기를 중지하고 중앙에서 스탠딩으로 재개한다. 양 선수에게 페널티 한 개씩을 부여한다. 서브미션이나 포인트 포지션인 경우 20초가 지나도 지켜본다(단순하게 격하게만 공방 중이라면 경기를 중지하고 양 선수에게 페널티 후 중앙에서 스탠딩으로 재개한다).

2) 더블 풀 가드 상황에서 20초 전에 먼저 일어나 탑에서 공격하는 선수에게 어드벤티지를 부여한다.

* 50/50 가드에서 어드벤티지가 없다는 규정한 것은 스윕 점수를 말하는 것이며 먼저 일어난다면 어드벤티지를 받는다.

* 더블 풀 가드에서 탑을 차지한 선수가 곧장 사이드로 이동하였다고 해서 가드 패스나 스윕이 아니라 단순히 더블 풀에서 포지션을 차지한 것으로 보아 어드벤티지만 받을 수 있다.

11. 하프 가드 포지션에서 어드밴티지를 받을 수 있는 상황에 대해서 설명하시오

1) 가드 패스 과정 또는 가드풀에서 만들어진 하프 가드 컨트롤은 어드벤티지를 받을 수 있다.

2) 스윕을 시도하여 성공적으로 상대를 넘겨 탑을 차지했지만 3초 동안 스윕 포지션을 유지 못하고 다시 바텀으로 내려오게 되어서 하프 가드 포지션을 잡았을 때 어드벤티지를 받는다. (예: 상대가 패스 혹은 스윕을 당하였으나 바로 리커버리에 성공하였거나 혹은 성공하였으나 3초가 남지 않아서 시합이 바로 종료되었을 경우)

12. 앵클락 시도 중 실격이 될 수 있는 상황에 대해서 설명하시오

스트레이트풋락 공격 시 안쪽으로 회전하며 공격을 하거나 발이 몸이 중앙을 넘어서 상대의 옆구리를 넘었을 경우 실격된다.

* 브라운, 블랙벨트는 안으로 돌아도 실격되지 않게 개정되었다(2024년 개정룰).

* 오버훅 상태에서 발이 상대의 중앙을 넘었을 때 레퍼리는 시합을 중지시키고 정상 위치로 놓아주면 된다(서브미션 상황에서는 마이너 파울이 메이저 파울이 된다).

13. 주짓수 경기장 규격에 대해서 말하시오(최소 사이즈, 최대 사이즈)

최소 사이즈		최대 사이즈	
매치 에어리어	8m×8m 64㎡	매치 에어리어	10m×10m 100㎡
파이팅 에어리어	6m×6m 36㎡	파이팅 에어리어	8m×8m 64㎡
세이프티 에어리어	파이팅 에어리어 바깥 1m	세이프티 에어리어	파이팅 에어리어 바깥 1m

14. 각 연령별 주짓수 경기 시간에 대해서 말하시오(JJIF 기준)

Masters	Older than 35 years	5 minutes
Adults(18+)	Older than 18 years	5 minutes
U18+)21-21)	20/19/18 years old	5 minutes
U16+)18-18)	17/16 years old	4 minutes
U14+)16-16)	15/14 years old	3 minutes
U14(12+-14)	13/12 years old	3 minutes
U10+)12-12)	11/10 years old	3 minutes
U8+)10-10)	9/8 years old	1.5 minutes

15. [기출] 성인 기준 경기 체급에 대해서 말해 보시오

tip) 성인 남/여 문제가 가장 많이 출제되는 편이다.

Male				Female			
Adult	U21	U18	U16	Adult	U21	U18	U16
							-32kg
			-38kg				-36kg
			-42kg			-40kg	-40kg
		-46kg	-46kg	-45kg	-45kg	-44kg	-44kg
		-50kg	-50kg	-48kg	-48kg	-48kg	-52kg
-56kg	-56kg	-55kg	-55kg	-52kg	-52kg	-52kg	-57kg
-62kg	-62kg	-60kg	-60kg	-57kg	-57kg	-57kg	-63kg
-69kg	-69kg	-66kg	-66kg	-63kg	-63kg	-63kg	63+kg
-77kg	-77kg	-73kg	-73kg	-70kg	-70kg	70+kg	
-85kg	-85kg	-81kg	73+kg	70+kg	70+kg	70+kg	
-94kg	-94kg	81+kg					
94+kg	94+kg						

16. 고등부 및 성인부 시합에서는 허용되지만 초등부 및 중등부 시합에서는 허용되지 않는 서브미션을 3가지 이상 말하시오

- 암 트라이앵글 초크(아나콘다, 페루비안넥타이, 다스초크 등)

- 삼각 조르기 머리 당기며 조르기

- 오모플라타

- 킬로틴 초크

- 이제키엘 초크(Ezekiel choke), 슬리브초크, 소매조르기

- 스트레이트 풋락(앵클락)

- 초크로 척추(목) 공격(백 초크는 예외)

- 허리조르기(클로즈 가드에서 허벅지로 몸통조르기) * 블루벨트 이상

- 리스트락
- 바이셉스락 *브라운벨트 이상
- 카프슬라이서
- 니 바
- 토홀드
- 바나나스플릿(가랑이 벌려 찢기) *초등부만 금지

17. 경기 중 벨트와 바지 끈을 고쳐 맬 때 허용되는 최대 시간을 말하시오

20초씩 총 40초

18. 사이드 컨트롤을 점유했지만 3점을 받지 못하는 상황에 대해서 설명하시오

1) 상대방이 스파이더 그립을 잡고 발바닥으로 이두를 밀면서 무릎이 펴져 있는 상태.
2) 가드 패스 상황 없이 사이드를 점유하게 된 경우. (테이크다운/스윕 성공 후 가드 패스 없이 바로 사이드 점유)
3) 가드가 아닌 하위 포지션에서 바로 뒤집어서 사이드를 점유하게 된 경우.
4) 마운트/니 온 밸리에서 사이드로 내려왔을 때.
5) 사이드를 점유했지만 서브미션에 잡혀 있는 상태라면 포인트는 카운팅되지 않으며 서브미션을 풀리고 포인트 포지션을 3초 유지해야 점수를 받을 수 있다.

19. 니 리핑(Knee reeping) 상황에 대해서 설명하고, 누적성 페널티 를 받는 상황과 실격성 페널티를 받는 상황에 대해서 설명하시오

* 다른 문제와 마찬가지로 주어진 상황에 대해 포인트를 구술하는 것이 핵심이다. 평소에 복잡한 포지션도 구술로써 설명하는 습관을 기른다면 보다 좋은 결과를 낼 수 있다. 사족을 최대한 배제하고 말하는 연습을 권한다.

자신의 종아리는 상대의 무릎 위쪽 허벅지 위를 지나가고 상대의 종아리는 자신의 무릎 위쪽 허벅지에 위치한다. 이때 발은 상대 선수의 엉덩이와 겨드랑이 사이에서 있어서 움직이지 못하는 포지션이 된다. 이 경우 니리핑 상황으로 본다.

* 스탠딩이 되었을 때 니 리핑(Knee reeping) 된 발이 상대의 체중이 실려 있는 상태라면 발이 끼어 있다고 볼 수 있다.

누적성 페널티 - 오버 훅 상태에서 발이 몸의 중앙을 넘었을 때 레프리는 시합을 중지시키고 정상 위치로 수정하고 시합을 재개한다.

실격성 페널티 - 오버 훅 상태에서 상대의 옆구리 라인(바디라인)을 넘은 경우와 서브미션 상황에서 중앙을 넘는 상황은 실격성 페널티가 된다.

* 페널티 상황이 아닌 경우는 니리핑(Knee reeping) 된 다리가 상대의 옆구리 겨드랑이에 끼어 있지 않은 경우, 상대 다리를 잡아 못 움직이게 하지 않은 경우, 발바닥이 지면에 딛고 있지 않은 경우 등이 있다.

20. [출제예상] 테이크다운을 통해 2점을 받을 수 있는 조건에 대해서 설명하시오

1) 양 선수가 스탠딩 상황에서 상대의 등이나 옆구리 또는 엉덩이를 바닥에 닿도록 넘어뜨리고 3초를 유지했을 경우.
2) 스탠딩에서 상대를 올포(터틀) 자세나 밸리 다운 자세로 만들어 3초 동안 컨트롤 할 경우(훅을 넣을 필요는 없지만 최소 한쪽 무릎이 꿇어져 있거나 어깨라인 뒤에서 컨트롤해야 한다).
3) 먼저 테이크다운을 시도했는데 상대가 풀 가드로 갔을 경우 테이크다운으로 본다.
4) 상대 선수의 바지나 다리를 잡고 상대가 가드풀(셀프가드)로 갔을 경우에 탑 포지션을 3초 동안

유지하다면 테이크다운 2포인트가 주어진다.

5) 다리를 잡혔던 선수가 점핑가드를 했을 때(테이크다운을 방어하기 위하여 점프를 한 것으로 간주) 점핑 가드한 선수를 3초 이내에 바닥에 내려놓고 3초 유지해야 테이크다운 포인트인 2점을 받는다.

* 테이크다운은 양 발이 매치에어리어에서 시작되어야 하며 테이크다운을 시도하며 밖으로 나갔을 경우에는 3초 유지가 되어야 2점을 부여한다. 이때는 경기를 중지하고 중앙에서 같은 자세로 시작한다.

21. 경기 중 부상을 당했을 시 사용할 수 있는 메디컬 타임의 시간과 횟수에 대해서 설명하시오

경기 중 부상이 발생했을 경우 경기당 총 2분간의 처치 시간이 주어지며 출혈이 발생했을 경우에는 같은 부위의 치료 횟수는 2회까지 주어진다.

* 부상의 원인이 당사자에게 있을 경우 경기에 패한다.
* 부상을 당하게 된 원인을 특정할 수 없을 경우에는 부상당한 선수가 패하게 된다.
* 금지된 행위로 인하여 부상이 발생했을 경우 부상 입힌 선수가 패하게 된다.

22. 4점 포인트를 받는 백 컨트롤 자세에 대해서 설명하시오

1) 상대의 등 뒤에서 발뒤꿈치로 상대의 양쪽 허벅지에 놓고 3초 동안 컨트롤했을 경우.
2) 다리는 크로스로 만들지 말아야 하며 상대의 한 팔을 다리 안에 넣고 컨트롤할 때에는 어깨라인 아래에서 컨트롤해야 포인트를 받을 수 있다.

* Advantage - 상대의 양팔이 다리 안에 들어가 있는 백 컨트롤, 다리를 크로스로 만들고 있는 경우, 바디트라이앵글의 경우.

23. 2점 포인트를 받는 니 온 밸리의 자세에 대해서 설명하시오

똑바로 누워 있거나 옆으로 누워 있는 상대에게 자신의 무릎이나 정강이를 아래에 있는 사람의 배

위, 가슴 혹은 옆구리에 올려놓고 3초를 컨트롤 하는 경우 포인트이며 아래에 있는 상대를 설명한 자세에서 안고 있어도 3초를 컨트롤 한다면 2포인트로 인정된다.

* 니 온 밸리의 자세에서 상대를 누르고 있는 다리가 상대 머리 쪽에 가까운 다리이거나 바닥에 닿은 다리가 무릎을 꿇은 경우는 Advantage에 해당한다.

24. 스윕을 통해 2점을 받을 수 있는 조건에 대해서 설명하시오

1) 가드나 하프 가드에서 위에 있는 상대를 뒤집어 자신이 탑이 되어 3초간 유지했을 경우.
2) 가드나 또는 하프 가드 바닥에서 위에 있는 상대를 스윕 시켰으나 상대가 바로 올포자세(터틀)로 전환했을 때는 뒤쪽에서 상대를 3초 동안 컨트롤하면 2포인트를 받는다.

25. 가드 패스 중 어드밴티지를 받을 수 있는 경우에 대해서 설명하시오

1) 가드 패스 과정 또는 가드풀에서 만들어진 하프 가드 컨트롤은 어드벤티지를 받을 수 있다.
2) 가드 패스 상황에서 상대가 등을 보이며 올포자세(터틀)로 갔을 때 어드벤티지를 받는다.

26. 서브미션 중 어드밴티지 또는 2점을 받을 수 있는 상황에 대해서 설명하시오

1) 서브미션이 위험한 상황(Real danger)이었다면 어드벤티지(Advantage)를 받는다.
2) 서브미션에 걸렸는데 테크니컬 이스케이프로 장외가 된 경우 공격자에게 2점을 부여한다.
3) 정당한 기술을 사용했으나 심판이 금지 기술로 알고 실격패를 주었을 경우 이때 상대가 탭을 치기 전에 실격을 당한 경우에는 공격자에게 2점을 주고 중앙에서 스탠딩으로 시작한다.

27. 장외에서 어드밴티지를 받을 수 있는 경우에 대해서 설명하시오

공격자에 의해서 장외가 된 경우 포인트는 없고 중앙에서 스탠딩으로 재개한다. 만약 서브미션이 위험한 상황이었다면 공격자에게 어드밴티지를 부여한다.

28. 장외에서 2점을 받을 수 있는 경우에 대해서 설명하시오

1) 서브미션에 걸린 상대가 테크니컬 이스케이프로 장외가 된 경우 공격자에게 2점을 부여한다.
2) 점수를 잃지 않기 위하여 또는 불리한 자세에서 선수가 고의로 장외로 도망간 경우 해당 선수는 페널티를 받고 상대 선수는 2점을 얻는다. 그리고 누적 페널티 룰을 적용한다.

29. 장외에서 페널티를 받을 수 있는 경우에 대해서 설명하시오.

1) 경기 중 일부러 나간 경우나 점수를 잃지 않기 위하여 고의로 장외로 도망간 경우 해당 선수는 페널티를 받고 누적 페널티 룰을 적용한다.
2) 서브미션에 걸린 선수가 무작정 장외로 나갔을 경우에는 실격성 페널티에 해당.

30. 시합 중 경기를 중지시키고 스탠딩으로 재시작하는 경우를 설명하시오

1) 서브미션 중 공격자에 의해서 장외가 된 경우에는 경기를 중지하고 중앙에서 스탠딩으로 재개한다.
2) 양 선수가 동시에 풀링 가드로 갔을 경우 레프리는 20초 카운트를 시작한다. 이때 탑을 차지하는 선수가 없을 경우 경기를 중지하고 중앙에서 스탠딩으로 재개한다.
3) 15세 이하의 모든 벨트와 화이트벨트에서 상대 선수가 스탠딩일 때 점핑 가드와 점핑 서브미션

을 시도했을 때 심판은 즉시 중지 후 페널티 부여 후 스탠딩으로 재개한다(점핑 가드를 한 선수는 페널티).

4) U16 경기에서 아웃사이드 싱글 렉 또는 스윕이나 기타 상황에서 머리가 밖으로 빠지는 경우 경기를 즉시 중지하고 페널티 없이 중앙에서 스탠딩으로 재개한다.

Ⅲ.

평가영역(지도방법)
- 2문제(40점)

실기 영역의 문제가 지도 방법으로도 나올 수 있으므로 둘을 구별해서 연습하기보다 기술을 연습하는 과정에서 구술로써 설명할 수 있는 능력을 평소에도 키워야 하겠다. 결국 전문 스포츠지도사나 생활 스포츠지도사 모두 수련자를 가르쳐야 하기 때문에 결국 기술을 자신이 직접 시범 보일 수도 있고 구두상으로도 충분히 설명할 수 있는 능력을 요구한다. 즉 상호 보완적인 역할을 할 수 있도록 평소에 연습을 추천한다. 기술의 세부적인 내용보다는 핵심적인 포인트를 상대방에게 효율적으로 전달하느냐를 목표로 해서 제한된 시간 내에 설명하셔야 높은 점수를 받을 수 있음을 기억해야 한다.

1. 기출 업어치기를 설명해 보시오

* 보통 실기에서 나올 법한 업어치기를 지도 방법에서 출제되었으니 향후로도 충분히 다른 기술도 나올 가능성이 크다. 실기에서 사진과 설명이 나왔지만 기출이므로 지도 방법에서 다시 한번 언급하겠다.

유도의 손기술을 이용한 메치기 기술로 상대를 등에 업고 어깨너머로 원을 그리듯이 메치는 기술을 말하며 한팔 업어치기와 양팔 업어치기가 있다.
양팔 업어치기는 상대의 팔소매와 가슴 깃을 제압한다. 상대를 내 쪽으로 기울이면서 상대의 가슴 깃을 쥔 손을 비틀며 팔꿈치를 상대의 겨드랑이에 단단히 밀착시킨다. 한쪽 발끝을 다른 발뒤꿈치 뒤에 찍고 몸을 돌린다. 이 순간 다리를 구부리고 허리를 숙이면서 상대를 업게 되는데 상대의 복부와 기술을 시전하는 사람의 등이 최대한 붙게 만든다. 마지막으로 구부린 다리를 펴면서 메친다.

2. 앵클락(Ankle lock)을 설명해 보시오

일명 아킬레스 홀드(Achilles hold)라 불리며 상대방 발목을 자신의 겨드랑이 아래에 넣어서 상대의 다리 인대와 힘줄에 데미지를 주는 기술이다. 자신의 겨드랑이로 상대의 발목 부위를 감아 잡고 양손으로 락을 만들어 발이 빠지지 않게 만들어 준다. 다음으로 바깥쪽 다리의 발로 골반을 밀어 주며, 자신의 양 허벅지로 상대의 허벅지를 고정한 후 뒤로 누우며 당겨 준다. 바깥쪽으로 돌게 되면 더욱 강력해지며 반칙이 아니므로 항상 돌 수 있도록 준비한다.

* 상대의 안쪽으로 돌게 되면 실격성 페널티에 해당하지만 블랙, 브라운벨트에서는 허용한다.

3. 백 초크를 설명해 보시오

통상적으로 리어 네이키드 초크(Rear naked choke)라 불리며 자신의 전완근과 이두근을 삼각형 형태로 만들어 상대의 경동맥을 공격하는 기술이다. 머리로 가는 혈류를 차단시키기 때문에 뇌 손상 등 치명적인 피해를 입힐 수 있지만 그에 반해서 배우기도 쉽기 때문에 지도자의 철저한 지도 하에 연습해야 한다. 한 팔로 상대의 목을 감아서 다른 팔의 이두근을 잡아 주며 이두근을 잡힌 팔을 상대의 목뒤에 두고 자신의 머리로 팔을 가리면서 상대 귀 옆에 붙이고 조른다. 이때 자신의 머리를 붙이는 이유는 상대가 공격자의 팔을 찾아서 기술을 막는 일을 늦추기 위함이다. 또한 하체를 제압해야 쉽게 기술을 풀지 못하기 때문에 공격자는 자신의 발을 상대의 허벅지에 놓아줌으로써 상대의 움직임에 따라갈 수 있다.

4. 싱글 렉 테이크다운을 설명해 보시오

상대의 바깥쪽으로 한걸음 내디뎌서 상대의 나온 한 다리를 두 손으로 잡고 들어 올린 후 양다리 사이에 잡아 주고 자신의 허리를 숙이고 머리는 상대의 옆 가슴 쪽에 붙여 준다. 기회를 잡아 상대의 앞쪽에서 밀었다가 자신의 한 다리를 축으로 회전과 동시에 뒤로 빠지며 상대를 넘어뜨린다.

5. 힙 이스케이프(새우빼기, 새우 드릴)에 대해서 설명해 보시오

힙 이스케이프는 모양이 새우와 비슷하다고 하여 새우빼기 혹은 새우 드릴이라고도 한다. 상대와의 거리를 만들어서 자신의 공격을 세팅하거나 상대의 공격에서 벗어나기 위한 기본 방어 동작이다. 처음 등을 대고 누운 상태에서 양다리를 접어서 세운다. 이때 발의 뒤꿈치를 엉덩이 가깝게 최대한 당겨 준다. 옆으로 빠지면서 바닥에 고정된 디딤 발로 지면을 밀고 상체를 옆으로 돌리면서 엉덩이를 빼준다. 양손으로 가상의 상대를 밀어 준다는 느낌으로 뻗어주고 고개는 자신의 배를 볼 수 있게 세워 준다.

6. 오픈 가드의 종류를 세 가지 말하고, 그중 한 가지 가드를 세팅 및 유지하는 법을 설명해 보시오

라쏘 가드, 스파이더 가드, 데라히바 가드, 엑스가드, 싱글 레그 엑스가드

1) 라쏘 가드: 올가미라는 의미로 한 다리로 상대방의 팔을 얽어 놓는 형태의 가드를 말한다. 상대의 팔 쪽 도복을 잡고 다리를 이용해 상대의 팔을 밖에서 안으로 감싸 주며 상대의 겨드랑이 안쪽으로 넣어 준다. 다음으로 잡은 손은 자신의 허벅지 위쪽에 걸리게 하여 상대의 팔을 컨트롤하는 가드이다. 이때 반대쪽 팔도 잡아 주며 골반이나 스파이더 가드를 동시에 취하여 스윕을 노릴 수 있게 한다.

2) 스파이더 가드: 양쪽 손으로 상대의 양쪽 팔 그립을 잡고 다리로는 교대로 상대방의 팔꿈치의 접히는 부분을 강하게 밀거나 당기어서 상대의 중심을 이동시키거나 접힌 팔의 이두근 부분을 다리로 높게 밀어서 스윕 등을 노릴 수 있다. 상대의 가드를 무너뜨릴 시에는 양팔의 높낮이를 바꿔 주며 상대의 중심을 흔들며 기회를 마련한다.

3) 데라히바 가드: 상대가 일어났을 경우 상대의 다리 중 앞에 있는 다리를 자신의 다리를 감싸며 빼지 못하게 하고 상대의 발목 쪽 도복이나 발목을 잡는다. 반대쪽 다리는 상대의 허벅지를 밀며 상대가 중심을 쉽게 잡지 못하게 흔들어 주며 자신의 가드를 유지시킨다. 기회가 생기면 자신이 감싸안은 상대의 다리와 반대쪽 다리 사이로 대각선으로 가로지르며 상대의 백 포지션이나 상대의 앉았을 경우 베림보로 공격을 노릴 수 있다.

4) 기출 엑스가드: 상대의 한 다리를 자신의 두 다리로 엑스 자 형태로 컨트롤하는 가드이다. 딥 하프 가드나 스파이더 가드를 이용해 상대의 다리 사이로 들어간 뒤 상대의 한 다리는 자신의 팔로 안고 반대쪽 다리의 허벅지와 오금을 자신의 양다리로 엑스 자 형태로 벌리거나 밀면서 가드를 유지 혹은 스윕한다.

5) 싱글 레그 엑스가드: 상대의 두 다리를 컨트롤 하는 엑스가드에서 한 다리만 집중적으로 공략하는 형태의 가드로 중심이 좋은 상대를 쉽게 컨트롤하지 못할 경우 한 발로는 상대의 골반 다른 쪽 발은 같은 쪽 오금을 감싸면서 컨트롤 하는 방식으로 자신의 한 팔과 양 다리를 상대의 한 다리를 공략하므로 자신보다 큰 상대에게 효과적인 가드 컨트롤과 스윕을 시도할 수 있는 방식의 가드이다.

7. 사이드 컨트롤을 안정적으로 유지하는 방법에 대해서 설명해 보시오

1) 상대를 몸을 너무 누르거나 감싸안게 되면 브리지로 쉽게 뒤집힐 수 있으니 한쪽 손은 항상 매트를 디딜 수 있게 준비한다.
2) 누워 있는 상대방의 윗목에 한쪽 팔을 넣고 다른 팔은 겨드랑이를 파고 양손을 잡아 준다. 이때 어깨로 상대의 턱을 밀어 압박하고 자신의 시선을 발 쪽을 향해서 상대가 얼굴을 쉽게 밀수 없게 사전에 막아 주며 하체는 바닥에 공간이 없도록 다리는 상대의 겨드랑이와 골반 쪽에 밀착한다.
3) 상대가 힙 이스케이프로 리커버리 하지 못하도록 상대의 골반으로 바짝 붙여서 방어해 주고 자신의 반대 팔은 상대의 겨드랑이 안쪽으로 파 넣어서 컨트롤하도록 한다.

8. 사이드 컨트롤에서 마운트로 전환하는 방법에 대해서 설명해 보시오

1) 상대방의 다리를 컨트롤해서 하프 가드 세팅을 막아 주면서 무릎으로 상대의 가슴이나 배를 눌러 주는 니 온 밸리를 만든다. 이때 상대의 가슴이나 배에 올린 무릎 쪽 발이 상대의 다리에 잡히지 않게 무릎으로 누른 채 마운트로 전환한다.
2) 사이드 컨트롤 상황에서 자신의 히프를 스위치 하여 리버스 곁누르기 상태를 만든다. 상대의 머리 쪽으로 엉덩이를 위치하고 리커버리 하기 위해 올라오는 상대의 다리를 손으로 방어하며 기회가 오면 최대한 상대방의 복부에 가까이 다리를 위치해서 마운트로 올라간다. 이때 자신의 손

으로 발을 당기면서 올라가면 쉽게 올라갈 수 있다.

9. 숄더 브리지(우빠)가 어떤 상황에서 쓰이는지 설명해 보시오

주짓수에서 많이 쓰는 브리지 스타일로써 어깨와 목을 사용하므로 목에 대한 부담이 적고 연속으로 사용해도 목브리지에 비해 체력 소모도 적은 이점이 있으며 큰 유연성이 없어도 자신이 원하는 높이까지 연습으로 쉽게 도달할 수 있다.

1) 상대방이 자신에게 사이드 컨트롤하고 있는 경우 숄더브리지를 통해 공간을 마련함과 동시에 슈림프 드릴과 조합하여 하프 가드나 풀 가드를 잡기 위해서 사용한다.

2) 상대방에게 마운트를 빼앗긴 경우 숄더 브리지를 기본으로 하여 트랩 앤 롤 이스케이프로 뒤집어 탑포지션으로 갈 수 있다.

10. 기출 마운트 암바에 대해서 설명해 보시오

마운트 상황에서 한 손으로 상대의 팔을 잡은 상태에서 반대 손으로 기무라 그립을 하며 자신의 손목을 잡아 상대가 쉽게 손을 빼지 못하게 한다. 상대의 상체 위쪽인 겨드랑이까지 이동하며 성공 시 S마운트 형태로 전환한다. 매트에 미끄러지듯 앉으며 한 다리의 장딴지로는 상대 머리로 눌러주며 다른 다리로는 상대의 가슴 부근을 눌러 준다. 마지막에는 양쪽 허벅지로 암바를 노리는 팔을 조여 주며 상대의 팔을 안으면서 당겨 준다. 이때 허리를 들어 올려 상대의 팔꿈치에 부담을 올리며 지렛대 원리로 상대의 팔을 펴지게 하며 제압한다.

11. 프론트 헤드락(킬로틴 초크)이 나올 수 있는 상황에 대해서 설명하고, 기술을 지도해 보시오

1) 스탠딩에서 상대의 태클을 성공적으로 스프럴로 방어하면서 상대의 목을 자신이 팔로 감아 잡

으며 스탠딩 상황 혹은 가드로 가면서 킬로틴 초크를 시도할 수 있다.

2) 가드의 상황에서 밑에 있는 상대가 기무라 스윕을 시도했을 경우 상대가 상체를 세우지 않고 자신의 목에 신경을 쓰지 않았을 경우 상대의 팔목을 잡은 팔의 반대 팔로 상대의 목을 감으며 시도할 수 있다.

3) 탑에 있는 상대가 가드 패스 시 어깨로 상체를 지나치게 압박하려 아무 방비 없이 머리를 상대방의 겨드랑이 사이로 두었을 경우 시도할 수 있다.

12. 클로즈 가드에서 할 수 있는 서브미션 세 가지를 말해 보고 그중 한 가지를 설명해 보시오

클로그 가드 암바, 트라이앵글 초크, 크로스 초크, 오모플라타, 로우키락(기무라) 등을 시도할 수 있다.

1) 클로즈 가드 암바는 상대방의 팔을 양손으로 고정시키고 가드를 풀면서 한 다리는 상대의 골반 다른 다리는 상대의 등을 누르며 쉽게 허리를 세우지 못하게 한다. 등을 누른 다리 쪽으로 상체를 움직이며 한 손으로 상대의 턱을 밀고 골반을 누른 다리를 상대의 뒤통수로 넘긴다. 넘긴 다리의 장딴지로 상대의 머리를 누르면서 두 손으로 상대의 팔을 당기고 허리는 펴면서 지렛대의 원리로 상대의 팔을 펴게 만든다. 이때 상대의 엄지손가락은 하늘을 바라보게 만들면 보다 효과적이다.

2) 트라이앵글 초크는 가드 상태에서 상대의 양 팔목을 잡은 후 벌린 다리 사이로 한쪽 팔목을 넣으며 두 다리가 어깨 위로 올라와 상대의 나머지 한 팔과 머리를 잡는다. 두 손으로 상대의 뒤통수를 당겨서 뒤로 물러나는 것을 차단하며 기도가 압박되어 효과적이다. 이후 공격자의 다리를 4자 모양으로 만들면 상대의 한 팔이 자신의 한쪽 경동맥을 차단하게 되고 반대쪽은 공격자에 다리로 차단하게 되며 경동맥을 압박하는 기술이다. 마지막 다시 한번 상대의 뒤통수를 아래로 당겨서 압박하게 되면 더욱 효과적이다.

3) 크로스 초크는 상대의 도복 상의 깃을 한 손으로 잡은 후 같은 방향으로 지퍼를 채우듯이 반대 손을 경동맥이 위치한 목 부위까지 최대한 올라간다. 이후 도복을 잡고 있던 손을 반대쪽 도복

상의 깃을 잡은 후 크로스로 조여 주며 공격자의 가슴 쪽으로 당긴다. 이때 공격자의 손이 상대에 닿는 부위가 경동맥이어야 한다. 이때 팔의 모양이 십자가 모양이기 때문에 크로스 초크라고 한다.

4) 오모플라타는 상대의 어깨를 공격하는 기술로 가드 상태에서 상대의 손이 바닥을 디디도록 유도하여 상대의 손목을 자신의 손으로 잡는다. 다음으로 겨드랑이 쪽에서 발이 상대의 머리와 같은 방향으로 보면서 자신의 다리로 상대 어깨를 누른다. 이때 팔목을 잡은 손목은 계속해서 바닥에 위치하게 하여 상대가 뿌리치지 못하게 하여야 한다. 마지막으로 상대의 허리를 감싸 앉으며 앉아서 상대가 일어서지 못하게 다리는 상대의 어깨를 누르고 손으로는 상대의 허리를 감싸 앉으며 어깨를 공격한다. 상대가 탭을 치지 않을 경우 회전하면서 어깨를 공격할 수 있으므로 항상 이 점을 유념해야 한다.

5) 로우키락(기무라)은 오모플라타와 마찬가지로 상대의 어깨를 공격하는 방법이다. 상대의 팔목을 잡은 후 반대 손은 얽어서 다시 자신의 손목을 잡는다. 다시 가드를 취하며 상대가 가드를 벗어나거나 패스를 하지 못하도록 한다. 상대방이 방어로 자신의 띠나 도복 혹은 자신의 도복을 잡을 수 있으므로 이를 벗어나며 상대의 팔이 등 뒤에서 직각 모양을 띠게 하며 어깨에 압박을 준다.

13. 트라이앵글 초크를 설명해 보시오(세팅 제외)

트라잉앵글 초크는 양다리로 상대의 팔과 목에 자신의 다리의 오금을 이용해 숫자 4자 모양으로 만들어 주어 경동맥을 공격하는 서브미션이다. 상대의 한 팔과 자신의 오금은 경동맥을 압박하며 마지막으로 목을 당겨 상대의 기도를 막아 2중으로 상대에게 압박을 주는 기술이며 다리로 기술이 이루어지기 때문에 상대에게 강력하게 압박을 주어 탭을 받아 낼 수 있는 주짓수의 대표 기술 중 하나이다.

14. 클로즈 가드 패스의 종류를 세 가지 말하고, 그중 한 가지를 설명해 보시오

상파울루패스(또지패스), 더블언더훅 패스, 스택 패스

1) 상파울로패스는 클로즈 가드에 갇힌 상황에서 한 손으로 상대의 겨드랑이를 제압한 상태에서 상대의 옆쪽으로 아랫배가 상대의 허벅지를 압박해서 바닥에 닿도록 한다. 반대 발을 세워 주고 그 사이로 한 다리를 슬라이딩한다. 한 손으로 클로즈 가드를 하고 있는 상대방 발목을 밀어 주며 세워놨던 다리로 손으로 밀고 있던 상대의 다리에 락을 만들어 가드가 풀리게 한다. 마지막으로 하프 가드를 만들면서 패스를 완성한다.

2) 더블언더훅 패스는 자신의 무릎을 상대의 엉치뼈에 위치하여 가드를 깬 후 양손으로 상대의 다리에 언더 그립을 잡는다. 상대의 골반을 자신의 무릎 위로 올려준다. 한 손으로는 상대의 목깃 한 손으로는 띠를 잡고 압박을 유지하며 옆으로 돌아서 패스를 한다. 이때 자신의 머리가 잘 빠지도록 상대의 다리를 쳐다보며 패스한다. 상대방은 허리가 매트에서 뜨기 때문에 큰 힘을 쓰기에 어려움을 느낀다.

3) 스택 패스는 상대를 상체와 하체를 접어준다는 느낌으로 진행해 주며 더블언더훅과 유사하나 약간의 포인트가 틀리다. 상대의 두 다리를 머리 위로 넘어가게 해 주며 넘어가고 싶은 쪽으로 자신의 상체를 넘기며 무게를 실어서 패스를 하는 압박 패스의 일종이다. 상대의 골반이 지면에 닿아 있지 않기 때문에 완벽한 힘을 쓸 수 없으면 목도 많이 압박되기 때문에 많은 세팅이 필요 없이 가능하며 패스당하는 사람은 항상 리커버리를 염두에 두어서 목 부상을 당하지 않아야 하겠다.

15. 오픈 가드 패스 세 가지를 말하고, 그중 한 가지를 설명해 보시오

롱 스텝 패스(Long step pass), 토레안도 패스, 레그 드래그 패스(Leg drag pass)

1) 롱 스텝 패스(Long step pass)는 상대의 오픈 가드 상태에서 안쪽에 있던 두 다리 중 한 다리를

같은 간격으로 상대의 가드 영역 바깥으로 재빠르게 위치시킨다. 이때 손은 각각 상대의 무릎 도복을 잡아 준다. 다음으로 양쪽 다리 중 바깥에 있는 다리를 무릎을 꿇으면서 상대의 다리 안에 있는 한 다리가 잡히지 않게 뒤로 원을 그리면서 빠져나온다. 이때 상체는 상대의 상체에 붙어서 상대에게 압박을 가하면서 사이드 포지션을 차지하거나 다시 반대쪽 사이드로 넘어가도 괜찮다.

2) 토레안도 패스는 투우사가 투우를 하는 모양과 비슷해서 만들어진 이름으로 상대의 다릴 잡고 달려드는 투우에서 투우 깃발을 뒤로 빼듯이 잡은 상대의 무릎 깃을 뒤로 밀쳐낸다. 이때 스텝이 상대의 옆구리 쪽으로 들어가며 재빠르게 니 온 밸리 혹은 사이드를 차지하는 패스이다. 때에 따라서는 어깨로 상대방의 배를 압박하면서 패스하기도 한다.

3) 레그 드래그 패스(leg drag pass)는 오픈 가드 상황에서 자신의 다리 위에 올려진 상대의 두 다리 중 한 손으로는 도복의 발목깃을 다른 한 손으로는 무릎쪽 깃을 잡은 후 자신의 허리 쪽을 지나가서 칼집에 밀어 넣듯이 한다. 자신의 배로 상대의 허벅지 바깥쪽을 밀착시키며 무릎을 꿇고 상대의 상체와 하체를 트위스트 시키며 힘을 쓰지 못하게 만들어 준다. 견디던 상대가 밀어내면 그 힘을 이용하면서 사이드로 위치한다.

16. 주짓수를 하기 전에 필요한 준비운동 세 가지를 말하고, 그중 한 가지를 설명해 보시오

어깨 브리지, 힙 이스케이프, 싯아웃, 엉덩이 걷기, 낙법 등 다양한 방법으로 체온을 높이고 관절을 풀어주어야 하며 부상의 위험성이 줄어들며 기술을 적절히 몸에 받아들일 수 있게끔 웜업시켜 줄 수 있다.

1) 어깨 브리지는 머리를 사용하는 레슬링 스타일의 브리지와는 달리 보다 안정성이 있는 브리지 기술이다. 누운 상태에서 양발을 엉덩이 쪽에 가깝게 두고 손을 반대쪽 1시 방향과 11시 방향으로 올리면서 허리를 들어 준다. 이때 바닥에 닿는 부분은 발과 어깨 그리고 머리이다. 오른쪽과 왼쪽으로 반복적으로 해 주며 연습 시에는 몸의 정면까지 바닥에 닿을 필요는 없으나 실제로는 끝까지 뒤집어야 함을 숙지시킨다.

2) 힙 이스케이프(새우빼기)는 상대가 사이드나 탑에서 압박하였을 경우 공간을 만들어서 리커버리 하거나 서브미션 공격을 할 수 있는 공간을 만들어 주는 기본 연습이다. 누운 상태에서 양발로 바닥을 딛고 허리와 몸통을 어깨를 기준점으로 들면서 몸을 옆으로 틀며 엉덩이를 뒤로 빼는 동작이다. 이때 동작의 모습이 새우모양과 닮아 있어서 새우빼기 혹은 쉬림프드릴이라고도 한다. 연습 시에는 좌우 측으로 반복하여 횟수를 정하여 연습하도록 한다.

3) 싯아웃은 상대에게 투 렉 테이크다운이나 원 렉 테이크다운 기술을 시도했을 경우 상대는 당연히 스프럴로 기본 방어를 시도할 것이다. 이때 카운터로 싯아웃 동작을 사용하면 상대에게 벗어나서 백 포지션까지 갈 수 있다. 엎드려뻗쳐 자세에서 한 손바닥을 바닥에서 지지하고 한쪽 손은 상대가 잡고 있는 손을 고정시키는 것을 상정한다. 배와 시선을 하늘 쪽을 바라보게 위치시키며 한 다리를 앞쪽으로 뻗는다. 자신의 허리 힘을 이용하는 기술이기 때문에 상대의 그립이 풀리며 바닥 쪽으로 끌려가게 된다.

17. 마운트에서 전환 가능한 포지션에 대해서 설명하시오

마운트는 주짓수에서 가장 큰 포인트를 받는 포지션으로 공격자의 선택에 의해 원하는 포지션의 이동이 용이한 편이다.

1) 마운트에서 상대가 브리지를 시도하면서 등을 보이고 엎드리게 되면 백 마운트 자세를 차지할 수 있다.

2) 상대가 이스케이프를 시도하면서 올포자세(터틀)로 전환하면 양 발을 상대의 다리에 넣어 백 컨트롤 포지션이 될 수 있다

3) 마운트에서 상대의 브리지나 힙 이스케이프로 방어를 하는 경우 스스로 내려와서 니 온 밸리 상황이나 하프 가드 상황으로 전환할 수 있다.

18. 가드 패스의 개념에 대해서 설명하시오

자신이 탑 포지션 즉 가드나 하프 가드에 있는 상황에서 바닥에 있는 상대의 양 다리가 자신의 한 다리라도 잡지 못하는 상황을 만들며 상대의 상체를 누르기 포지션으로 만들어 3초 이상 유지했을 경우 가드 패스로 본다. 단 상대방이 서브미션을 걸었을 때는 기술이 실패하기 전까지는 완벽한 가드 패스로 보지 않기 때문에 기술이 풀려야 포인트를 인정받을 수 있다.

19. 사이드 컨트롤(탑)에서 가능한 서브미션을 세 가지 말하고, 그중 한 가지를 설명해 보시오

로우키락(기무라), 페어퍼커터 초크, 사이드 암바 등

1) 상대의 팔목을 자신의 한 손으로 잡아 주고 잡아 준 팔은 바닥에 붙여주며 상대의 팔이 ㄱ자 모양으로 만들어 준다. 상대의 붙여 준 팔의 삼두근 쪽으로 자신의 손을 집어넣어서 상대를 잡고 있는 팔의 팔목을 잡아 준다. 먼저 잡은 팔은 고정하고 집어넣은 팔을 위로 당겨 주며 상대의 어깨를 공격하는 기술이다.
2) 페이퍼커터 초크는 사이드 컨트롤 상태에서 한 손으로 상대 목덜미 깃에 엄지손가락을 걸어두고 팔을 돌려 빼서 목깃을 잡은 상태로 팔이 종이를 자르는 페어퍼커터(작두모양의 문서 재단기) 날처럼 상대의 목을 눌러 주면서 조르는 기술이다.
3) 사이드 암바는 상대의 팔을 잡아 주며 몸이 공격자 쪽으로 눕도록 팔을 당겨준다. 다리 하나는 넘겨서 상대의 등 뒤에 위치하여 상대가 다시 쉽게 눕거나 돌지 못하게 사전에 만들어 준다. 상대의 등을 막아 준 쪽으로 자신의 몸을 회전시켜 주며 나머지 한 손도 상대의 팔을 같이 잡아 준다. 양쪽 허벅지로는 상대의 팔을 조여 주며 상대의 팔을 당기며 엄지손가락이 하늘을 바라보게 해 준다. 허리를 들어 올려서 상대의 팔에 더욱 압박을 가해서 골절을 유도할 수 있는 기술이다.

20. 백 컨트롤에서 가능한 서브미션을 세 가지 말하고, 그중 한 가지를 설명해 보시오

리어 네이키드 초크, 보우 앤 애로우 초크, 암바

1) 리어 네이키드 초크는 백 컨트롤에서 주로 쓰며 강력한 힘을 발휘하는 기술로써 그립이 완성된 후에는 탈출하기 어렵기 때문에 사전에 막아야 한다. 자신의 팔의 전완근과 이두근이 상대의 목을 감아 주도록 깊숙이 안아 준다. 동시에 반대 팔의 이두근을 잡아 주며 이두근을 잡힌 팔은 상대의 뒤통수 아래쪽에 두어 상대가 팔을 찾아 기술을 벗어나려는 것을 막아 주는 것이 좋다. 세팅이 끝나면 머리를 상대의 뒤통수에 붙이면서 완성시킨다. 이때 다리는 상대의 허벅지에 발을 올려주어(백 컨트롤 자세) 상대가 돌아서 빠져나가는 것을 방지한다.
2) 보우 앤 애로우 초크는 화살을 쏘는 형태의 기술로써 백 컨트롤 상태에서 한 손으로는 상대의 도복 상의 깃을 잡아 주고 한 손으로는 상대의 다리 깃을 잡아 주면서 상대와 직각 방향으로 위치한다. 이때 한 다리는 상대의 어깨 위로 올라와서 고정하면 더욱 강력한 힘을 낼 수 있다. 상대의 몸은 아치 형태를 띠면서 허리에 압박이 갈 수 있지만 이는 반칙이 아니며 이로 인해 상대는 힘을 쓰기 불편한 자세가 될 수밖에 없다.
3) 암바는 공격하려는 한쪽 팔을 양손으로 잡고 상대의 허벅지에 훅을 걸었던 양다리를 풀면서 한 다리는 몸통으로 이동한다. 나머지 다리의 장딴지는 상대의 얼굴을 압박하면서 암바 자세를 만든다. 다른 암바와 마찬가지로 양 허벅지로 상대의 팔을 조여 주고 지렛대 원리로 자신의 허리를 올리며 팔을 꺾어 준다.

21. 백 컨트롤을 안정적으로 유지하는 방법에 대해서 설명하시오

자신의 양 발로 훅을 만들어서 상대 양쪽 허벅지 안쪽에 위치해 준다. 상대가 발을 공격할 수 있으므로 크로스 형태로 양발을 만들어 주지 않는다. Seat belt(안전벨트) 형태로 한 팔은 상대의 어깨를 가로지르고 다른 팔은 상대의 겨드랑이를 통과하여 서로 맞잡는다. 이때 자신의 머리는 상대의 뒤통수 쪽에 위치시켜 공간을 없애 준다.

22. 회전 낙법을 설명해 보시오

상대의 테이크다운 공격이나 일상생활에서 바닥에서 미끄러지거나 낙차가 있는 곳에서 떨어졌을 때 자신의 몸 중 가장 중요한 머리와 내장기관을 보호하기 위한 기술이다. 인체의 프레임을 이용하여 충격을 분산시키는 데 기술의 포인트가 있다. 서 있는 상태에서 허리를 숙이며 한쪽 발을 앞쪽으로 내밀어 준다. 양손을 앞선 발끝과 정삼각형이 되도록 바닥을 짚는다. 구르는 손끝이 안쪽으로 향하게 짚고 머리를 겨드랑이 밑으로 넣으면서 앞으로 구른다. 구를 때는 머리가 닿지 않도록 하고 기준이 되는 팔과 몸통 그리고 마지막으로 다리까지 힘이 분산되도록 구른다. 연속적인 연습을 위하여 마지막 순간에는 손으로 바닥을 치면서 일어서도 되고 그대로 바닥을 치면서 자세를 멈추어도 된다.

23. 초보자가 처음 스파링을 할 시 주의 사항에 대해서 설명해 보시오

지도자나 스파링 상황을 지켜봐 줄 수 있는 제3자가 항상 위치해야 한다. 항복 시에 탭으로 의사를 표현하는 법을 충분히 숙지시켜 주며 절대 스파링이 과열되지 않도록 사전에 이야기한다. 초보자에게는 치아를 보호하기 위해 마우스피스나 관절 보호를 위하여 관절 보호대의 착용을 권하는 방법도 있다. 초보자와 스파링을 하는 상대에게도 상대의 특이사항(부상 부위와 경과정도, 수련경력)과 건강 상태에 대해서 숙지시켜 주며 과도한 스파링은 피해야 한다.

24. 클로즈 가드 스윕 세 가지를 말하고, 그중 한 가지를 설명해 보시오

암바 스윕, 시저스 스윕, 플라워 스윕

1) 암바 스윕은 클로즈 가드에서 상대 팔에 암바를 시도한다. 방어하는 상대가 자신의 팔을 공격하는 암바에 신경이 가게 됨에 따라 하체 방어에 취약하게 된다. 이때 상대의 허벅지를 웨이터 스

웹 그립으로 안아 준 뒤 들어주면 바로 마운트 자세까지 갈 수도 있다.

2) 시저스 스윕은 클로즈 가드상태에서 던지려는 쪽의 다리는 바닥을 쓸 듯이 상대의 다리를 걸어 주고 반대쪽 다리는 상대의 옆구리 쪽에서 반대방향으로 강하게 밀어준다. 이 모양이 가위모양 같다고 해서 시저스 스윕이다. 스윕 시 자신의 손은 상대의 목깃과 같은 쪽 넘어지는 쪽 손목 깃을 잡아 상대가 바닥을 짚어서 중심을 잡지 못하게 해 준다.

3) 플라워 스윕은 스윕을 하는 다리의 모양이 꽃잎의 형태를 띠어서 플라워 스윕이라고 한다. 클로즈 가드 상태에서 넘길 쪽 방향 손을 바닥에 집지 못하게 해 주며 한 손으로는 상대의 허벅지나 도복 다리 쪽 깃을 잡아 주며 상대의 배 부분에 자신의 허벅지 뒤쪽이 닿도록 상대의 안쪽까지 깊숙이 들어가며 몸이 상대와 직각이 되도록 몸을 만들어 준다. 다리 모양이 꽃의 봉오리 모양으로 움직이기 때문에 플라워 스윕이라고 하며 자신의 다리 힘을 주동력으로 삼기 때문에 무거운 상대도 스윕시킬 수 있다.

25. 하프 가드(탑/바텀)에서 할 수 있는 서브미션을 세 가지 말하고, 그중 한 가지를 설명해 보시오

루프 초크, 기무라락, 베이스볼 초크 등

1) 루프 초크는 초크의 형태가 루프(로프) 형태를 한 초크로써 팔이 긴 플레이어가 써주면 효과적인 기술이다. 하프 가드에서 시도할 시 상대가 자신을 더 누를 수 없도록 상대의 상체 도복 깃을 팔로 밀어 주며 반대 손으로는 상대의 손을 방어한다. 이때 자신의 한쪽 다리는 Z 가드 형식으로 상대의 몸통을 방어하며 상대가 밀어내려는 순간 Z 가드를 풀어주며 상대의 목덜미로 상대의 손을 방어하던 손이 가로지르며 상체 도복 깃을 잡고 있는 팔 사이로 목을 밀어 준다. 상대의 목에 상대의 도복과 자신의 팔이 루프를 형성해서 경동맥을 공격하는 형태의 서브미션이다.

2) 기무라락은 하프 가드에서 상대의 팔목을 한 손으로 잡아 준 뒤 상대의 팔을 얽어맨 형태로 다시 자신의 팔을 잡는다. 세팅이 완성된 후 상대의 어깨를 들어 올려 공격해 주는 기술이며 하프 가드 시 탑이나 바텀 둘 다 가능한 기술이다. 하프 가드에서 기무라락을 세팅 후 스윕을 당해도 계속해서 기무라락을 시도하여 다시 스윕이나 탭을 받을 수 있기 때문에 효과적이다.

3) 베이스볼 초크는 하프 가드 상태에서 상대의 목깃을 야구배트 잡듯이 잡는다. 이때 상대의 목은 자신의 양손 사이에 위치해 있어야 한다. 준비가 끝나면 상대가 하프 가드를 자연스럽게 패스하도록 두어도 되고 혹은 하프 가드를 놓아주어도 상관이 없다. 마지막으로 바닥 방향으로 자신의 팔이 야구배트를 스윙하듯 시 상대의 목에 초크를 걸어 준다.

26. 하프 가드에서 할 수 있는 스윕을 세 가지 말하고, 그중 한 가지를 설명해 보시오

롤 오버 스윕(샤오린 스윕), 니 탭 스윕(Knee tap sweep), 딥 하프 가드 스윕(Deep half guard)

1) 롤 오버 스윕(샤오린 스윕)은 비토 '샤오린' 히베이로의 대표적인 스윕으로 오히려 샤오린 스윕으로 불릴 정도로 그의 시그니처 기술이다. 하프 가드에서 한쪽 다리는 Z 가드로 방어해 주고 양손을 이용해서 상대의 손목 깃을 반대로 넘겨주고 기술을 세팅하는 동안 못 넘어오게 해 준다. 넘긴 상대의 한쪽 손은 계속 잡은 체 자신의 반대 팔꿈치로는 몸을 세워 주며 마지막으로 상대가 다리를 빼지 못하게 손으로 상대의 무릎 쪽 도복을 잡아 주고 뒤구르기를 하면 스윕이 완성된다.

2) 니 탭 스윕(Knee tap sweep)은 하프 가드 상태에서 자신의 무릎은 상대방 겨드랑이 아래에 위치한다. 기회를 잡아 상대방의 팔을 차올려서 공간을 만들어 주고 자신의 손으로 겨드랑이 쪽으로 언더훅을 잡는다. 아래쪽에 훅을 걸고 있던 다리는 빼내어서 무릎과 발을 매트에 대어 상대를 밀수 있는 구조를 만든다. 마지막으로 바닥을 짚고 있던 손으로 상대방의 무릎을 끌어당기면서 밀어서 넘어뜨리며 사이드 포지션으로 이동한다.

27. 마운트에서 이스케이프 하는 방법을 두 가지 이상 말하고, 그중 한 가지를 설명해 보시오

트랩 앤 롤 이스케이프(Trap and roll escape), 힙 이스케이프(Hip escape)

1) 트랩 앤 롤 이스케이프는 새우빼기와 더불어 주짓수의 가장 기본적인 기술이며 입문 초기에 배우는 기술이다. 일단 마운트로 올라온 상대를 브리지로 튕겨서 상대방이 팔로 바닥을 짚게 한다. 브리지할 쪽 팔을 자신의 양팔로 잡아서 바닥을 못짚게 만들며 상대의 발은 옆으로 뻗지 못하게 자신의 발로 바깥쪽을 막아 준다. 지금의 동작이 발을 가두는 동작과 유사해서 트랩이라 일컫는다. 마지막으로 상대의 팔을 제압하고 발에 트랩을 만든 쪽으로 브리지를 최대한 크게 하면서 돌면서 탑으로 위치하여 불리한 자세에서 빠져나온다.

2) 힙 이스케이프(새우빼기 or 새우드릴)로 두 손으로 상대의 골반을 밀어 주고 세운 발로 상대의 발을 잡아서 상대의 발목을 다리 사이로 잡아 준다. 물론 상대의 허벅지 부분을 잡지 못해서 그립이 약하지만 리커버리할 발판은 마련하는 것이 중요하다. 발목을 잡은 다리 쪽으로 엉덩이를 다시 한번 빼면서 보다 깊게 상대의 다리를 잡아 준다. 현 상황으로 하프 가드는 획득하였지만 상대의 베이스가 불안한 틈을 타서 완벽한 가드를 세팅을 하는 것이 좋다. 마지막으로 반대편 쪽 팔이나 도복 그립을 잡아서 상대가 더 이상 전진이나 뒤로 가지 못하게 하고 다시 반대쪽으로 엉덩이를 빼주면서 가드를 완벽히 잡아 준다.

28. 가드 상황에서 상대방의 하단 라펠을 이용하여 할 수 있는 기술 하나를 설명해 보시오

라펠 가드 스윕은 가드 상황에서 일어나는 상대에게 가드를 오픈하면서 상대의 라펠을 잡아당겨서 자신의 한 다리와 상대방 다리 한쪽 가랑이 사이를 통과시켜서 오금 뒤로 빼내어 그립을 잡는다. 반대쪽 다리로 훅을 만들어서 상대의 오금을 걸어 주면서 라펠이 걸린 쪽은 밀고 훅이 걸린 다리는 당기면서 넘어뜨리고 반동으로 일어나며 스윕한다. 유의할 점은 단순히 자신의 다리만으로 라펠에 발을 걸어서 컨트롤하면 반칙일 수 있으니 꼭 자신의 손과 같이 컨트롤해야 한다.

29. 파트너와 할 수 있는 오픈 가드 패스 드릴 한 가지를 설명해 보시오

1) 토레안도 패스 드릴 - 기술을 받아주는 사람은 누운 상태에서 양 무릎을 들어 올려 상대의 골반 쪽에 올려준다. 이어 상대의 패스를 방어하는 자세를 취하고 상대 파트너는 상대의 양 무릎의 도복을 잡고 뒤로 당기며 니 온 밸리로 혹은 어깨를 이용한 사이드 자세를 만들면서 연습한다. 연습 시는 최대한 스탭을 절약하여 효율성을 높이도록 한다. 또한 실제 상황을 상정하여 양방향으로 반복하여 연습하면 기술의 효율성과 자체 운동효과도 높다. 패스 시 모습이 투우사와 유사하여 토레안도 패스라 칭한다.

2) 레그 드래그 패스 드릴 - 기술을 받아주는 사람은 누운 상태에서 양 무릎을 들어 올려 상대의 골반 쪽에 올려준다. 패스를 연습할 상대의 도복 바지 발목 부분과 상대의 무릎 쪽 도복을 잡아 주며 자신의 허리 쪽으로 당겨 준다. 이때 상대는 상체와 하체가 트위스트 되면서 힘쓰기가 불편하다. 마지막으로 무릎을 꿇으면서 상대의 다리는 제압하고 상체는 눌러 주면서 사이드로 이동한다.

30. 파트너와 할 수 있는 서브미션 드릴을 한 가지 설명해 보시오

클로즈 가드에서 기무라락은 클로즈 가드에서 위에 있는 상대는 양팔을 안쪽에서 바깥으로 벌려 주면 매트를 짚게 만들어 준다. 클로즈 가드를 하고 있는 공격자는 한 손으로는 상대방의 팔을 잡고 반대 팔은 상대의 어깨 위로 넘겨서 다시 자신의 팔목을 잡는 것을 반복 연습하면 기술의 정확성과 복근 운동도 겸할 수 있다.

31. 기무라락이 나올 수 있는 상황 세 가지를 말하고, 그중 한 상황에 대해서 설명해 보시오

클로즈 가드, 하프 가드, 사이드 마운트, 마운트 등에서 기무라락을 걸 수 있는 상황이 있다. 클로즈 가드를 잡은 상황에서 상대가 의도치 않게 혹은 상대의 허리를 끌어당기게 되면 상대는 중심을 잡기 위해서 바닥에 손을 짚게 된다. 이 경우 상대의 팔목을 잡고 다른 팔로 어깨를 넘어서 자신의 팔을 잡아 기무라락을 시도할 수 있다. 이때 클로즈 가드 혹은 기무라락을 걸은 쪽에 다리를 상대에 허리에 올려 빠져나가지 못하게 만들면 효과적으로 기무라락을 걸 수 있다.

* 위의 예상 문항들은 대한주짓수회에서 예시로 든 문항을 기초로 하여 변형하였음을 밝힌다.

IV.

평가영역
(지도자로서의
리더십/태도)
- 1문제(20점)

단순히 체육관 안에서 지도자로서의 역할 이외에도 하임리히법, CPR, 골절 대처, 쿨다운 등 일상생활에서 일어날 수 있는 사고에 대한 대처법도 이미 출제되었고 그 범위가 조금씩 넓혀질 것이라 생각된다. 더욱이 근래 들어서 성이슈가 사회적 화두로 떠오름에 따라서 주짓수뿐만 아니라 스포츠지도사 전 종목에서 전반적으로 출제되고 있으므로 꼭 읽어 봐야 할 것이다. 적재적소에 전문적인 용어를 적절히 사용하여 설명한다면 설명에 보다 무게감을 줄 수 있고 더욱이 설명 자체가 그 용어의 뜻인 경우가 많기 때문에 나쁘지 않은 방법이라 생각한다. 또한 많은 다른 수험자들 사이에서 두각을 나타낼 수 있으므로 적절히 사용하는 것은 합격에 지름길이라 생각한다.

바쁜 지도자의 시간을 절약하기 위해서 따로 찾아보지 않도록 설명에 적어놓았고 사족이 길지 않게 압축을 하였으며 이중으로 자료를 찾지 않고 해결할 수 있도록 노력하였다.

머릿속에 상황을 상정한 후 순서대로 구술한다면 수월하게 대답할 수 있고 실제 일상에서 상황이 벌어졌을 때 적절한 대처를 할 수 있으니 성의를 가지고 읽으시면 금세 머리에 들어올 것이라 생각한다.

1. 기출 하임리히법을 설명하시오

(1) 성인 응급처치

1) 환자의 의식이 있는 상태: 말을 할 수 있는 경우에는 기침을 유도하며, 지속적으로 기침을 해도 이물질이 배출되지 않을 때에는 즉시 119로 연락한다. 말을 할 수 없는 경우에는 119에 신고한 후 하임리히법을 실시한다.

• **하임리히법 실시요령**
① 환자의 등 뒤에서 양팔로 허리를 감싼다.
② 구조자는 오른손으로 왼 주먹을 감싸 잡고 명치에 댄다.
③ 빠르게 위로(후상 방향) 밀쳐 올린다.
④ 이물질이 밖으로 나오거나 환자가 의식을 잃을 때까지 계속한다.

2) 환자의 의식이 없는 상태: 의식이 없는 완전 기도 폐쇄 환자는 심폐소생술을 실시한다.

* 임산부나 비만 환자는 상복부가 아닌 흉부를 압박한다.

(2) 유아 응급처치

• **하임리히법 실시요령**

① 영아의 머리를 아래 방향으로 향한 후 등을 5회 두드린다.

② 흉부압박법을 5회 반복한다.

③ 입안의 이물질이 확인되면 제거한다.

④ 흉부압박 후에도 의식이 없으면 심폐소생술을 실시한다.

(출처: 행정안전부)

2. 기출 골절 대처에 대해서 설명하시오

골절을 제대로 치료하지 못하면 심한 후유증을 유발할 수 있으므로, 초기에 골절 가능성을 제대로 인지하고 대처하는 것이 가장 중요하다. 골절이 발생한 이후에는 빠른 시간 내에 치료를 해 주어야 후속 치료가 수월하고 예후가 좋기 때문에 적절한 응급처치 이후에는 가능한 한 빨리 전문 의료인에게 치료를 받도록 한다.

• **골절사고 응급처치법**

1) 골절 부위를 원상태로 돌려놓으려고 무리한 시도를 하지 않는다.

　골절 사고가 발생하였을 때 간혹 골절 부위를 원래대로 되돌려 놓으려고 무리한 시도를 하는 경우가 있다. 이러한 행동은 골절이 일어난 주변부의 근육이나 혈관, 신경 등을 더 손상시킬 수 있어 삼가야 한다.

2) 골절 부위를 고정시킨다.

　골절사고가 발생했을 때 가장 먼저 해야 할 일은 손상 부위를 가능한 움직이지 않도록 하는 것이다. 다친 부위를 심장보다 높게 올린 상태에서 나무판자, 여러 겹 접은 신문지, 종이 상자 등의 부목을 이용하여 골절 부위가 움직이지 못하도록 고정해야 한다. 부목은 골절된 부위의 위·아래 관절까지 포함시킬 수 있는 긴 것이어야 하고 폭은 골절된 부위보다 넓은 것이 좋다. 예를 들어 아래 팔에 골절이 생겼다면 손목과 팔꿈치 관절을 포함할 수 있는 길이의 부목이어야 하고 손가락에 골절이 발생했다면 바로 옆에 있는 손가락까지 함께 부목으로 고정해야 한다.

3) 골절 직후 냉찜질이 도움이 된다.

골절 부위는 대부분 부어오르고 열이 나는데 이때에는 냉찜질이 도움이 된다. 냉찜질은 혈관을 수축시켜 부러진 뼈 주변에서 발생할 수 있는 출혈을 감소시켜 주고 차가운 느낌이 골절 부위의 통증을 덜 느끼게 하는 진통 효과를 가지고 있다.

4) 깨끗한 거즈나 천을 이용하여 지혈한다.

골절 부위의 피부가 찢어져 피가 나는 경우는 개방성 골절 상황으로 외부의 감염성 물질이 뼈에 감염을 일으킬 수 있는 응급 상황이다. 이때, 하얀 소독솜을 사용해 지혈을 시도하는 경우가 있는데 이는 잘못된 응급처치법이다. 거즈가 아닌 소독솜을 사용하면 솜의 가느다란 털이 상처 부위의 분비물과 엉겨 붙어 추후 병원에서 시행되는 후속 처치를 어렵게 할 수 있다. 따라서 상처 부위에서 피가 나면 깨끗한 거즈나 천을 이용하여 지혈하는 것이 좋다. 상처 부위의 출혈을 멎게 하기 위해 흔히 가루 형태의 지혈제를 사용하는 경우가 있는데, 가루가 상처 부위의 염증을 악화시킬 수 있어 주의해야 한다.

5) 기존에 응급의료 정보 및 상담을 제공했던 1339는 119로 통합·일원화되었기 응급상황이 발생하였을 때는 119로 전화해야 한다.

(출처:서울대학교 의과대학 국민건강지식센터)

3. 기출 쿨다운에 대해서 설명하시오

쿨다운이란 가벼운 유산소 운동이나 스트레칭으로 운동하기 전과 같은 상대로 만들기 위해 하는 정리운동으로 워밍업(준비운동)의 반대 개념이다.

워밍업이 걷기 운동이나 장비 없이 할 수 있는 체조 등을 통해 근육의 활성화와 혈액 증가를 통해 부상 방지 및 본 운동에서 좋은 퍼포먼스를 추구한다면 쿨다운은 운동 중에 사용된 근육을 안정화시키고 맥박을 본래로 돌아오기 위한 목적이다. 특히 주짓수 같은 강도 있는 운동을 한 후 바로 쉰다면 다음 날 심한 피로감이 따를 것이다. 특히 근육에 쌓인 젖산은 다음 날 운동에 큰 방해요소로 적용될 것임으로 정리 운동 즉, 쿨다운을 필요로 한다.

적절한 쿨다운 운동은 근육의 피로, 부상 방지 등에 탁월하며 혹시나 생길 수 있는 운동 후 생길 수 있는 두통이나 현기증을 방지해 줄 수 있으므로 자신이 행하였던 운동 동작을 낮은 강도로 천천히 (10분~15분) 진행하거나 천천히 걸어서 심박수를 낮추며 정적인 스트레칭으로 진행하여 준다면 충분히 제 기능을 할 것이다.

4. 스파링이 과열되었을 시 지도 방식에 대해서 설명하시오

즉각 스파링을 중단 후 잠시 휴식을 권하고 시합이 아니라는 것을 스파링 참자가에게 자각시킨다. 그 후에는 파트너를 바꾸는 방법을 쓰거나 포지션 스파링으로 전환해서 가드와 탑을 번갈아 하면서 과열된 분위기를 바꾸는 것을 추천한다.

5. 남성과 여성이 스파링을 할 시 주의할 점에 대해서 설명하시오

정해진 룰 안에서 최선을 다해야 하는 것은 맞지만 남성과 여성의 신체의 차이는 존재하는 것을 명확히 상기시켜 준다. 더욱이 보통의 경우라면 남녀의 신체적 차이가 있기 때문에 쉽게 부상을 당할 수도 있다는 것을 말해 준다. 더욱이 불편한 상황이 일어날 수 있으므로 항상 유념해야 한다고 교육한다.

> tip) 무도 스포츠이기 때문에 실제 상황을 상정하여 남녀의 구분이 정확히 옳다고는 할 수 없지만 상식의 수준을 답하는 시험이므로 과도하게 특이한 상황에 대한 대답은 피하도록 한다.

6. 기출변형 스포츠 인권에 관련하여 성폭력과 이에 따른 예방법에 대해서 설명하시오

* 현재 많이 이슈화된 부분이다. 이미 출제된 성폭력뿐만 아니라 스포츠 성폭력 예방법이나 거시적 영역에서 해결책을 원하기도 하니 꼭 숙지해야 한다.

성폭력은 성희롱이나 성추행, 성폭행 등을 모두 포괄하는 개념으로 상대방의 성적 자기 결정권을

침해하는 모든 행위를 말한다.

성희롱 - 성희롱은 성에 관계된 말과 행동으로 상대방에게 불쾌감, 혐오감을 주는 행위이다.

성추행 - 신체적인 접촉을 통해서 상대방을 강제로 추행하는 행위이다.

강제추행 - 협박과 폭행으로 상대방을 강제로 추행하는 행위이다.

성폭행 - 성관계를 목적으로 강제로 상대방에게 시도하거나 실행하는 행위이다.

성그루밍 - 상대방과 오랜 기간 돈독한 친밀감을 바탕으로 심리적으로 지배한 뒤 가하는 성적 가해 행위를 말한다.

성인지 감수성 - 성별 간의 차이로 인하여 차별과 불균형을 일상생활 속에서 감지하는 민감성을 말한다.

스포츠 성폭력 예방법(거시적 영역)은 다음과 같다.

* 거시적이란 전체적으로 분석 파악하여 방향을 잡을 수 있는 것을 말한다. 여기서는 정부의 방침이나 예방법의 밑 그림이라 할 수 있다.

- 성폭력 예방정책을 수립해야 한다.
- 대상별 행동 규범을 마련해야 한다.
- 성폭력예방교육을 실시해야 한다.
- 지도자의 자격을 검증해야 한다.
- 여성 지도자 양성과 지원해야 한다.
- 성폭력 예방과 대처를 위한 절차와 체계를 마련해야 한다.
- 성폭력 예방정책이 잘 시행되는지 모니터링, 평가해야 한다.

(출처: 스포츠 인권센터 유형별 스포츠 인권보호 가이던스)

7. 심폐소생술(CPR)에 대해서 설명하시오

갑작스러운 사고로 인해 심장과 폐에 활동이 멈추게 되었을 때 인공호흡이나 흉부압박으로 혈액을 순환시켜 뇌의 손상을 막고 사망을 지연시키기 위해 사용한다. 생존율을 상당히 높여주기 때문에 숙지하여야 한다.

- 심폐소생술(CPR) 순서

1) 양쪽 어깨 두드리며 큰 소리로 의식 확인

2) 119신고 후 주변에 심장 전기 충격기(AED) 요청 및 호흡 확인

3) 흉부압박(분당 30회 가슴압박/5cm깊이), 복장뼈 아래쪽 1/2지점

4) 2회 인공호흡(이마 젖히고 코 잡기/호흡 중간에는 코잡은 손 놓기)

* 흉부압박이 인공호흡보다 소생에 있어서 중요하고 인공호흡의 선택은 교육 여부와 시행 의지에 따른다.

(출처: 행정안전부)

8. 응급처치 기법인 PRICES에 대해서 설명하시오

P: Protection(보호)   R: Rest(휴식)   I: Icing(냉각 처치)

C: Compression(압박)   E: Elevation(거상)   S: Splint(고정)

9. 격렬한 스파링과 부드러운 스파링(롤링)의 장단점과 필요성에 대해서 설명하시오

주짓수를 스파링에 있어서 실전과 같은 상황을 상정해서 훈련을 해야 하는 것은 당연하지만 이러한 움직임은 불필요한 부상을 야기할 수 있음을 인지시켜 준다. 부드러운 스파링도 충분히 연습이 가능하고 이러한 스파링에 익숙해진 다음 빠르고 격렬한 스파링을 한다면 훨씬 더 부상의 위협을 줄일 수 있고 시합에서도 좋은 성과를 낼 수 있다고 교육한다. 또한 기술의 섬세함이나 디테일을 익히기 위해서는 부드러운 스파링으로 충분히 가능하다는 점도 강조한다.

10. 도장에서 숙련자의 역할에 대해서 설명하시오

도장에서 숙련자의 역할은 좋은 도장 문화를 선도해야 하고 자기 스스로 예의 바른 모습을 보인다

면 당연히 수련을 시작하는 초급자들에게 좋을 것이다. 스파링 시에도 입문자들은 먼저 운동하고 있던 숙련자의 모습을 따라 할 수밖에 없다. 따라서 숙련자로서 바른 운동 모습과 예절은 도장의 문화로 정착이 될 수 있음을 자각하고 행동해야 할 것이다.

11. 초보자 지도와 숙련자 지도의 차이점에 대해서 설명하시오

초보자를 지도할 때는 너무 많은 정보를 전달하여 초보자가 기억 못하게 하는 것은 좋지 않다고 생각한다. 기술의 핵심적인 요소들을 기억할 수 있게 지도하고 이에 숙련이 된다면 점차로 확장하여 지도하는 것이 좋은 방법이라 생각한다. 숙련자를 지도할 때는 기술의 일반적인 상황에 대해서 정확히 알고 있는지에 대해서만 확인하고 기술의 다양한 변화와 연계 기술에 대해서 포인트를 맞추는 것이 좋다고 생각한다. 또한 숙련자의 의문점에 대해서 조언을 해 주는 것도 좋다고 생각한다.

12. 주짓수 승급의 기준에 대해서 설명하시오

기본적으로 출석률과 적극적이고 성실하게 수업을 듣고 있는지를 확인한다. 이에 충족한다면 아래에 조건에 따라서 승급하도록 한다.

대한 주짓수 품단 규정

품단	나이	기간	수련 기간
1품	4~15세	입문 후 1년 이상	1년
2품	5~15세	1품 취득 후 1년 이상	2년
3품	6~15세	2품 취득 후 1년 이상	3년
4품	7~15세	3품 취득 후 1년 이상	4년

대한 주짓수 승단 기준

승단	나이	기간	수련 기간
1단	16세 이상	입문 후 1년 이상	1년

2단	17세 이상	1품 취득 후 1년 이상	2년
3단	19세 이상	2품 취득 후 1년 이상	4년
4단	22세 이상	3품 취득 후 1년 이상	7년

(출처: 대한주짓수회)

BJJ 벨트 승급 규정은 화이트에서 블랙까지 최소 기한은 총 7년 6개월이나 현재 관례적으로 꾸준한 수련자의 경우 10년 정도 걸리고 있다. 개인차나 부상이 위험이 있기 때문에 편차가 있다.

벨트	기간
화이트~블루	최소 1년 6개월
블루~퍼플	최소 2년
퍼플~브라운	최소 2년
브라운~블랙	최소 2년

(출처:IBJJF)

13. 주짓수 지도자의 가장 중요한 역량 세 가지를 말하시오

1) 주짓수에 대한 전문지식을 갖추고 지도할 능력을 갖고 있어야 하며 수련생 개개인의 체력진단 및 운동처방 능력이 있어야 한다.
2) 사회적인 책임감과 사명감으로 체육시설의 운영 관리 능력이 있어야 한다.
3) 주짓수라는 운동을 통하여 배우는 사람들이 올바른 목표를 가지고 살아갈 수 있도록 체계적인 활동을 하여야 하며 주짓수라는 운동의 긍정적인 인식을 정착시킬 수 있도록 해야겠다.

14. 준비운동의 필요성에 대해서 설명하시오

시작 전에 준비운동을 통해서 심부와 근육 온도를 높여주어 근육을 유연하게 만들어 준다. 더욱이 심장과 폐에 단계적으로 자극을 주어 혈액 온도를 높여주며 결과적으로 근육통이나 부상 예방의 효과가 있으며 본 운동의 효율성을 높여 줄 수 있다.

15. 바람직한 수련 및 대련 파트너에 대해서 설명하시오

바람직한 수련이란 수련 시 타인을 존중하고 배려하며 예의로 수련에 임하도록 해야 하며 궁극적으로 서로 효과적인 연습으로 이어져서 실력 향상을 도모해야 한다. 또한 무리하게 연습에 임해서 상대를 다치게 하거나 반대로 자신이 부상을 입는 일이 없도록 해야겠다.

대련 시에는 서로가 다치게 할 수 있음을 자각하여 서로의 기술의 향상을 목표로 배려하며 상대의 실력이 늘 수 있게 도움을 주는 파트너가 바람직한 파트너이며 대련 역시 시합이 아니기 때문에 연습의 연장임을 명시하고 진행해야 하겠다.

16. 주짓수를 통해 생활체육인이 얻을 수 있는 효과에 대해서 설명하시오

생활체육인이 얻을 수 있는 효과로는 현대인들의 신체활동의 부족, 자기표현의 기회 상실, 인간관계들과 관련하여 신체활동을 통하여 체력을 단련하고 생활에 활력을 가질 수 있어 보다 밝고 풍요한 생활을 영위할 수 있다. 이를 주짓수를 통해 얻을 수 있다고 생각한다. 또한 건강한 신체와 그속에서 나오는 자신감을 습득할 수 있으며 주짓수의 특성상 자신을 보호할 수 있는 셀프 디펜스 능력 또한 부수적으로 획득할 수 있다. 또한 꾸준한 수련으로 같이 운동하는 사람들과 돈독한 인간관계를 통해 한층 성숙한 사회인이 될 수 있다.

17. ATP란?

아데노신 3인산(adenosine triphosphate)의 약자로, 모든 생명체 내에 존재하는 유기화합물이다. 1개의 아데노신과 3개의 무기 인산으로 구성되어 있으며 주로 근세포에 저장되어 인체에 직접적인 에너지원이다. ATP가 분해되면서 에너지가 생성되며 근육이 수축되어서 운동이 이루어진다.

* ATP-PC 시스템과 젖산 시스템(무산소성 해당 과정)은 고강도 운동을 할 때 에너지 체계이다.

18. 에너지 대사과정을 설명하시오

1) ATP-PC 시스템: 빠른 에너지 공급: 약 10초 사이의 단시간 고강도 운동 시 이용되는 에너지 시스템으로 산소를 공급하지 않고 신속한 에너지를 공급한다.

2) 젖산 시스템(Glycolysis): 젖산은 피로물질 중에 하나로 젖산이 쌓일 경우 근육통을 유발하고 피로감을 유발하게 된다. 주짓수, 100M 달리기, 고중량 운동, 크로스핏 등 고강도 운동에서 주로 발생한다. 산소 공급이 충분하지 않을 경우에는 초성포도산이 젖산으로 전환되어 체액을 산성화시켜 큰 피로를 유발한다. 젖산의 대부분은 다른 조직세포로 이동이 되어 산화되며 혈액을 통해 간으로 이동하여 글루코스로 분해되어 에너지원으로 사용된다. 주로 1시간 이후면 제거되는데 가벼운 러닝이나 스트레칭을 통해 효율적으로 제거가 가능하다.

* ATP-PC 시스템과 젖산 시스템은 무산소 운동 시 생성된다.

3) 유산소 시스템: 최소 5분간 이상의 장시간 운동에서 사용되는 에너지로 지구성 운동의 에너지 공급체계이다. 탄수화물을 에너지로 사용하지만 일정 시간이 지나면 결국 지방을 연소해 에너지로 사용한다.

이 세 가지 에너지 시스템은 운동 시 유기적으로 작용하고 있다.

시험 현장 스케치

시험장의 분위기는 각 종목마다 차이가 있겠지만 대부분 비슷한 방식으로 진행됩니다. 해당 종목의 담당자 3명이 1개 조로 진행하며 구술 역시 같은 시험관이 진행합니다.

입장과 동시에 제비뽑기로 시험 문제지를 고릅니다. 탁구공으로 뽑을 수도 있고 작대기에 번호가 있어서 뽑게 되면 해당 문제를 감독관의 요구에 따라 진행하게 됩니다. 보통 실기를 먼저 실시하고 구술이 진행되는데, 실기장과 구술장은 분리되어 있어서 실기가 끝난 후 이어서 바로 진행됩니다. 넓은 공간에서 진행하는 조가 있을 수 있고 바로 코앞에서 진행되는 조도 있습니다. 물론 바로 앞일 경우에는 다소 부담스러운 것이 사실이지만 크게 여의치 마시고 알고 있는 내용을 자신감 있게 답변하시면 됩니다.

수험자는 오전 혹은 오후로 나누어서 입장할 것이며 신분증, 수험표의 확인 후 핸드폰을 제출하고 실기장에 입실하게 되어 있습니다.
수험표상의 연속된 번호가 파트너가 될 확률이 높으며 결석 시 다른 번호와 파트너가 되어 시험을 진행합니다. 시험 전에 파트너와 이야기해서 구체적인 사항을 이야기 하는 것은 금지되어 있습니다.
본인의 순서가 되어 입장하게 되었을 때는 인사와 동시에 수험번호와 이름을 말하고 수험표를 제출하면 되겠습니다. 이는 정해진 것은 아니지만 여러 종목의 스포츠지도사 실기를 본 경험상 혼선을 초래하지 않고 좋은 인상을 남길 수 있다고 생각합니다.

자신이 뽑은 제비표의 번호를 감독관께 전달하면 감독관이 읽어주는 실기 동작을 파트너와 함께 4가지 정도 각자 수행하면 되겠습니다.

예) 엑스가드 스윕을 해 보세요.
　　안 오금 띄기 해 보세요….

구술 시에는 실기 때 입은 복장 그대로 입장하시면 되고 다른 복장을 입었을 시에는 감점의 요인이 될 수 있기 때문에 유념하셔야 하겠습니다. 입장을 하게 되면 의자가 놓여 있고 3인 1개 조의 감독관 앞에서 약 4가지 질문을 실기 때와 마찬가지로 답하면 됩니다.

예) 가드 암바를 구술로 지도해 보세요.

반칙 슬램 공격이 나왔을 경우 레프리의 상황 대처에 대해서 말해 보세요.

기출문제 예시

실기 문제가 다음 해에 구술로 나올 수 있으므로 구별해서 표시하지 않았습니다. 주짓수 지도자의 기본 소양에 대한 문제는 언제나 포함되며 앞에서 언급한 내용들을 1~2회 읽어 보시면 어렵지 않을 것입니다. 아래의 예시들은 일부분이고 참고용이므로 훨씬 다양한 상황 문제나 미출제된 기술들이 나올 것이라 생각합니다.

・ **실기 동작 4가지 + 구술 4가지**

문제 1) 쿨다운에 대해서 설명하시오.

문제 2) 골절 대처에 대해서 설명하시오.

문제 3) 마운트 암바에 대해서 설명하시오.

문제 4) 하임리히법에 대해서 설명하시오.

문제 5) IBJJF 남성 어덜트 체급과 여성 어덜트 체급에 대해서 설명하시오.

문제 6) 상대의 반칙 슬램 공격 시 상황 대처에 대해서 설명하시오.

문제 7) 업어치기를 하는 법에 대해서 설명하시오.

문제 8) 사이드 포지션에서 탈출법을 보여 주세요.

문제 9) 버터플라이 가드 시 패스와 스윕을 해 보시오.

문제 10) 클락 초크를 해 보세요.

문제 11) 허리켜치기를 해 보세요.

문제 12) 스파이더 가드에서 패스와 스윕을 해 보세요.

문제 13) 안오금 띄기를 해 보세요.

문제 14) CPR에 대해서 설명해 보세요.

문제 15) 하프 가드에서 포인트를 받는 상황을 설명해 보세요.

문제 16) 마운트를 당한 상황에서 이스케이프 해 보세요.

문제 17) 2점 포인트를 받는 상황에 대해서 설명하시오.

문제 18) 업어치기 하는 방법에 대해서 설명해 보세요.

문제 19) 성폭력 관련 이슈에 대해서 자신의 생각을 말해 보세요.

문제 20) 엑스가드 스윕과 패스를 해 보세요.

문제 21) 트라이앵글에 걸렸을 시 탈출해 보세요.

문제 22) 도복 규정에 대해서 설명해 보세요.

문제 23) 레퍼리로서 한 선수가 시합 중 스윕을 성공 후 2초가 지났을 때 시간이 끝났을 경우를 설명하시오.

실기, 구술자의 최신 후기

선문대 둘째 날 응시한 남자 수험자입니다. 시험 시작은 오후 1시경이었지만 서울에서 살고 있기 때문에 아침 일찍 출발하여 도착하니 11시 30분경이었습니다. 아직 오전 시험이 끝나지 않았기 때문에 차 안에서 도복을 갈아입은 뒤 조용히 대한주짓수회에서 시험 문제 샘플로 올려놓은 문제들을 읽었습니다. 실내를 이용했으면 실기도 준비하고 몸을 미리 풀 수 있었을 텐데 아쉬웠지만 시험 긴장감에 정신이 없었습니다.

시간이 되어 핸드폰과 신분증을 출입구 쪽의 진행요원에게 맡긴 후 수험표만 들고 입장했습니다. 제 파트너가 제시간에 오지 않아서 다른 사람과 짝이 되어 실기장으로 입장했습니다. 예전에 타 종목으로 시험 본 경험이 있어서 제비뽑기를 탁구공으로 할 줄 알았는데 이번에는 작대기로 하더군요. 아마도 시험 종목마다 다른 거 같네요.

제가 뽑은 번호에는 실기로 안오금 떼기, 엑스가드 패스와 스윕, 트라이앵글 탈출이었습니다. 첫 부분만 보고 거의 감독관님이 "그쳐"라고 해서 약간 의아했지만 시간상에 문제라 짧게 진행하는 것 같았습니다. 첫 실기인 안오금 떼기를 하고 나니 긴장도 한결 사라지고 몸이 가벼워지는 듯했습니다.

실기가 끝난 후 20분 정도 대기하니 금세 구두시험장으로 입장할 수 있었습니다. 실기시험 덕분인지 상당히 긴장이 풀려 있어서 구술은 잘했다고 생각하지만 이건 저만의 생각일지도 모르겠네요. 암튼 제 구술에 나온 문제는 마운트 암바, IBJJF 남자, 여자 어덜트 체급, 반칙 슬램공격 시 대처, 하임리히법 설명이 나왔습니다. 하임리히법은 약간 예상 밖이었지만 평소 CPR과 더불어 연습해 본 적이 있어서 최대한 기억을 더듬어서 설명했네요.

매일 체육관에서 하는 운동이라 솔직히 자신 있었지만 유도식 테이크다운이 많아서 사전에 충분히 준비하고 들어가야겠다는 생각이 들더군요. 유도식보다는 레슬링식 테이크다운을 많이 연습했고 작년에는 자신의 선택이었다고 들었는데 아니더군요. 아마도 2일에 나누어서 시험을 치러서 시간적 여유가 많았던 것 같았습니다. 시험이 끝난 후 밖에서 다른 수험생분들과 이야기해 보니 요즈음 사회적 이슈를 묻는 문제들도 출제되었다고 하니 수험서가 하나쯤 필요하다고 생각했습니다. 처음 준비할 때 인터넷에 떠도는 자료로만 준비하려니 힘들었지만 다른 무도 종목도 상황은 비슷한 거 같았습니다. 내년에 다시 실기, 구술을 다시 보기는 싫지만 만약에 다시 보게 된다면 이 책으로 준비해야겠네요.

수험자들을 위한 tip

구술 연습을 할 경우에는 눈으로만 읽으면 당연히 한계가 있기 때문에 정리된 내용만 보지 말고 스스로 체크해 보는 것이 중요합니다. 혹은 예상 질문지를 뽑아서 자신의 주변 사람 앞에서 해 보거나 이도 여의치 않으면 녹음을 해서 들어보는 것이 중요합니다. 이때 중요한 것은 어떠한 질문지가 나오더라도 막히지 않고 답하는 것이 중요하며 그 내용이 사실상 조금 틀리더라도 자신감을 가지고 말할 수 있어야 합니다.

자신이 알고 있는 것들을 차분하고 자신감 있게 설명하는 것이 중요하며 단답형이 되지 않게 하시고 반대로 사족이 너무 길어도 중지 당할 수도 있기 때문에 시간 안배에 유념하세요. 심사위원들 중에 한 분이 타이머로 시간을 체크하기 때문에 주어진 시간 안에 잘 대답하도록 준비하세요.

일선에 계시는 관장님이나 코치님들에게 자신의 선수들을 시합에 내보내기 위해서는 스포츠지도사 자격증이 꼭 필요할 것이라고 통보받았습니다. 이러한 압박감으로 인해 평소에 페이스를 잃을 수 있습니다. 이러한 긴장감이 실수로 이어질 수 있으므로 시험 시 평정심을 유지할 수 있도록 준비하는 것을 추천합니다. 시험장에서 심사위원분들의 표정과 어투에서 흔들리지 않도록 최선의 방법은 준비만이라 생각하시고 시간 나실 때 자료들을 많이 보시고 정보를 많이 찾아보세요.

맺음말

2004년 처음 주짓수에 입문하여 쌓아온 현장의 경험과 노하우를 최대한 담으려고 노력했습니다. 최대한 많은 내용을 담고 싶었지만 너무 많은 내용은 오히려 혼선을 초래할 수 있어 최대한 핵심적인 내용만 담으려고 노력했습니다.

일선에서 수련 및 지도하는 모든 분들이 주짓수를 다년간 연습하여 좋은 실력들을 가지고 있다고 생각합니다. 하지만 스포츠지도사는 자신의 지식을 다른 사람들에게 얼마나 효과적으로 전달할 수 있느냐가 핵심인 시험입니다. 시험을 치르는 응시자가 지도자로서의 자질이 충분하고 정확히 가르칠 수 있는지 자기 자신에게 물어보면서 최선을 다하여 시험을 준비하시길 부탁드립니다.
주짓수는 스포츠이기 이전에 무도로서 겸손을 항상 중요시 여겨야 한다고 생각합니다. 구술 시험장에 들어갈 시 당연히 깨끗이 세탁한 도복을 입고 들어가야 하며 최대한 정중한 자세를 유지하시기를 추천드립니다. 운동능력을 테스트하러 간다기보다 면접을 보러 간다고 생각하시면 좋지 않을까 생각합니다.
마지막으로 시험을 준비하시는 모든 분들이 이 책으로 도움이 되길 바라며 이 책이 나오기 까지 도와준 Black Maker studio 한경숙 님, 도복 협찬하여 주신 스콜피온 구본기 대표, 모델에 롤링스쿨 대표 이현민, 전형민 대표에게 다시 한번 감사의 인사를 드리고 촬영에 협조하여 주신 이보원, 김동건, 박수인, 김다혜, 박소윤, 이재효, 윤다빈 님에게도 감사드립니다.

참고자료

대한주짓수회, '스포츠지도사', https://jjak.or.kr/bbs/board.php?bo_table=notice. 2024.1.12

행정안전부, '하임리히법', https://www.daejeon.go.kr/dj119/CmmContentsHtmlView.do?menuSeq=4367. 2024.1.12

서울대학교 의과대학 국민건강지식센터, '골절' https://hqcenter.snu.ac.kr/archives/category/news/page/5?s=골절&h. 2024.1.12

대한체육회, '스포츠인권센터 유형별 스포츠 인권보호 가이던스' 'htts://sports-in.sports.or.kr' 2024.1.12

IBJJF 'rules' https://ibjjf.com/books-videos 2024.1.12

주짓수마스터 **박병연**의
스포츠지도사 2급 주짓수

ⓒ 박병연, 2024

초판 1쇄 발행 2024년 4월 19일

지은이   박병연
펴낸이   이기봉
편집   좋은땅 편집팀
펴낸곳   도서출판 좋은땅
주소   서울특별시 마포구 양화로12길 26 지월드빌딩 (서교동 395-7)
전화   02)374-8616~7
팩스   02)374-8614
이메일   gworldbook@naver.com
홈페이지 www.g-world.co.kr

ISBN   979-11-388-3016-4 (13690)